Text: Copyright © 2014 by Paulo Rafael Ferreira de Carvalho, München

Herstellung und Verlag:
BoD – Books on Demand, Norderstedt
ISBN 978-3-7357-8020-1

PAULO RAFAEL FERREIRA DE CARVALHO
IN ANBETRACHT DER LIEBE

INHALTSVERZEICHNIS

In Anbetracht der Liebe – Titel 10
In Anbetracht der Liebe 11
Das Lied vom Sieg 12
Der Adler 16
Arabien 17
Artikulation, Repetition 20
Das Beten, offne 21
Sehen 23
Der Lügner 24
Das Staunen 25
Cameo Baghdatis 26
Das Gift und das Lied 27
Das Jammern 30
Der Tänzer, sich tanzend liebende, Leere 31
Schnell zur Kunst 32
Der Dichter 33
Der Dreck 35
An Gott 36
Die Befürchtungen 37
Die Dummheit 42
Der Ferne, Schwelger 43
Der Freund 44
Bemerkung – An einem Tage im Sommer...................................... 47
Der Funke 49
Die Reflexe... 50
Ein Märchen... 51
Identität 52
Am Nachmittag 53
Der Jäger 54
Die Begeisterung... 55

Anklang, einer	56
Der König	57
A Lingua	58
Bemerkung, Intelligente	59
Der Makel	60
Im Zwielicht	62
Der Retter der verlorenen Brüder	63
Der Reder	64
Brief an N.	65
Der Sänger	72
Die Scham	73
Des Säuselns Kinde	74
Die Zeit	75
Gedicht	77
Die Faltenaugen	78
Paulo	79
Die große Depression	81
Die Irrationalität des Stolzes	82
Die Jagd	83
Fixation im Rausche	84
Letztes Gedicht aus Ägypten	85
Die Larve	86
Sommer	87
Urlaub, wieder, Euphorie aus dem, Verhängnis, Joch, Klage, Missstand, Pläne, immer nur, deren Zeichnung	89
Die Reise	90
Die Pläne	93
Wandern	94
Sehnen	96
Die Sprache	98

Pläne, Hohlklang, Beschreibung 99
Eremitens Sammlung 100
Repetition 102
Harlekins Singsang 103
Singen 104
Satz 105
Eben 106
Egozentrisches Dokument einer Nacht 107
Liedgesang 109
Nichts 110
Mein Freund 111
Wirren. Wirren 113
Das Ende 116

IN ANBETRACHT DER LIEBE - TITEL

Das Buch liegt zu meinen Schultern. Auf meinem Bauch. Auf meinem Bauche da. Es ist leer. Ich wache auf in kalter Beklommenheit, fahler Stille, und denke dabei, morgens immer wieder, daran, Gedichte zu schreiben im nächsten Zeitraum, in dafür nun bestimmter Phase, die die vorherrschenden Wesenszustände seit dem letzten Werk, der Zeit der Untat seit Beendigung dessen also, zusammenfassen sollen, und diese unter dem Titel »In Anbetracht der Liebe« zusammenzufassen.
-03.04.2011-

IN ANBETRACHT DER LIEBE

Wie schwer die Sonne wiegt!
Wenn Vögel draußen singen
Und der Blasse vernehmend im Schatten liegt
Will alles doch nur Geräusche an ihn bringen
Dies, weil schmerzlich er die Sehnsucht liebt
Denn niemehr vermag er's sich hineinzuschwingen
In des Gesanges Herd
Antreiben selbst Rondell des Kreisels
Hat sich doch, wo immer hin, sein Weg beschwert
Niemehr würd er bunter Teil davon, echter Schwinger Lebensmeißels
Niemehr würd im Tanzen seine Sicht verklärt
Niemehr erfassen Wallen, heißes
Er nurmehr der stille Bildner, angestrahlt vom Glanze
Der sich durch Lamellen macht ins Joch
Übersieht der Desperate daraus das Ganze
Und erkennt damit die Tiefe, aus seinem Loch
Und das Mädchen, das da draußen singet
Die wunderbare Dirne, die da lachet und frohlockt
Sich freilich niemals zu ihm bringet
Weiß sie doch garnicht, dass da oben einer hockt.
»Dies ist die Anbetracht der Liebe
Kämpft ich, kämpft ich Siege,
Wenn ich jedoch nur weiter oben bliebe,
Versetzte mir nur weiter Hiebe,
Labte mich in verzehrend-schmerzlich Wiege,
Gäbe dem Ausdruck des Darin damit weitre Triebe,
Erführe sie damit auch nicht, die holde Liebe
Doch bewahrte auch damit, dass das Gedicht nicht nichtig bliebe.«

DAS LIED VOM SIEG

Das Lied vom Sieg
Strahlend singt sein Stemmer
In Leichtigkeit, der Dieb
Besinget seine Männer
Doch die da wissen mehr
Wollen Wahrheit kennen
So bleibt's vom Sinne leer
Denn Schauspieler erkannt
Von denen, die da still
Und blicken nicht etwa gebannt
»Lass ihn, wenn er singen will.«
Um sein Strahlen im Liede
Geht's nur, nicht um es
Wo es aus seiner Eigenliebe
Trieb zu berichten kess
Und er einkehrt in der Maskenwiege
Zu streifen in der an sein Dress
Das des Drachentöters nur
»Schmeiß mir hin, damit ich fress.«
Zu werden Singsang an sich sein Schwur
Oh holder Sänger, bist du schön
Welch Tatensang von hoher Bühne
Dass ich mich nie nur dran gewöhn!
'S ist nicht 's holde Wort, 's kühne
Mehr jedoch nur der Argwohn,
Fascination deiner Misslichkeit
Die beide da nur dein Lohn
Danke! Hast mich Naivität befreit!

Dein Lechzen zeigt mir Mangel
Größerer Beschaffenheit
»Dass Ich nur nie so handel!«
Zu reden insgeheim in holdem Kleid
Und damit Bild verschandel
»Tut ihr, wofür ihr geschaffen seid
Ich bring mit meinen Taten Wandel
Und nehm euch in meiner Großartigkeit
Traurigkeit eurer Leben, dass ihr wandelt
Gleich mir, einstweilig erlöst vom Leid
Wird übergehn auf euch im Erstaunen
Schein, und meine Leichtigkeit«
Und ausgesetzt den seinen Launen
Tut er selber, wie er's mag
Sieht nicht in Blendung
Seines Liedes, dass danach keine Frag
Weiterhin, und nur ersehnt wird Endung
Somit sich Gegensatz am andern labt
Und Kontrazyklus niemals findet Wendung

Wo der eine, um weiterzutreiben
Der andre nur, um den still zu schüren
Müssen sich beide in andren entleiben
Um falsch darin ihre Wesen zu spüren
Und bleiben so groß in sich
Der andre nur zahlt die Gebühren
Fürs eigen echte Licht
Welch Aufhebung gegenseitger Allüren!

Der eine gebraucht
Man selber erlaucht
Sich nie gesehn
Nur andren verstehn
Sein Versagen
Fasciniertseins Fragen
Unverständnis
Kenntnis
Korrelation
Zwei Bettler auf Gottes Thron

»Sein ständiger Sieg
Nur stetes Verlieren
Rennt nur dorthin, wo er blieb,
Seit jeher. Verstimmends Krepieren«

»Wie sie da in der Andacht
Und kleben da an meinen Lippen
Wie jeder der Narren mich anlacht
Sehnt gleich mir zu überspringen Klippen
Wie klein sie doch sind
Werden fortragen mein flammendes Feuer
Gleich namenlos Wind
Und meinen Namen stricken teuer«

Der Verdrießliche und der Verdrossene
Der eine aus des andern Gesprossene
Das Unausgesprochene und das Gesprochene

Das Joch und das Jochende
Das Lied vom Siege, vom Ankommen
Ist ein stetes, stets verübt
Wer es krächzt, der tuts zu eignen Wonnen
Wer singt, sei angekommen: der lügt

Er sich nur in sich übt
Mit dem andern weiter bricht
In sich immer heller blüht
Stellt sich, und wird Gericht
Ersehen lässt, was nimmer trügt
Wird Maske nurmehr aus Gesicht

Die Erwartung seiner Habe
Der sehnend Blick danach
Für jeden Schein sein Name
Großes Lied kriegt Sprach!
Peitscht hin in großem Wahne
Es brauchet Schmach die Schmach

Und finden beide so ersehnte Gabe

DER ADLER

Sitzen zwitschernd Amseln da am Becken
Wollen Nachbarn stoßen, sich die Flügel lecken
Sich beschwingen mit Gedankennesterbauen
Träumen, lechzen, spinnen, den andern unter sich zu hauen
Und wird auch Spitz getan mit kleinen Krallen
Schubser, feister, kleiner, der's Blut lässt wallen
Sich genährt in Tat und davon gespornt bestimmter zu bauschen
So flüstert's Schnabelmeer, ein weites Rauschen
Und zwirbelt jeder sich am Kamme seine rechte Meinung zurecht
Stierend geht's dem einen gut, geht's dem andern schlecht
Die Waage soll nur zu mir pendeln!, bin von größerem Gewicht!
Stellt sich flügelhaspelnd flatternd Schmähsänger in sein Licht
Das Licht, das da verdorben
Unter dem wird getuschelt nur verborgen
Das nur der Brut, die lebt von Sorgen
Und davon Licht zu morden
Verschmachtend wütend, hitzig in überkargem, gekipptem Walde
Sich ladend ein als Inventar und Wirt der Euphemistenhalde
Im angeschwollen Zorn, als grad jeder allein
Tut ein jeder perfid Schrei nach oben
Und Hassesformel verkümmert, dörrt plötzlich zurück zum Keim
Weit und frei, nichtsehend euren wüsten Boden
Fliegt oben ehrerbietig der große Adler vorüber,
       Stolz, grandioser Schwingen, und ihr wünschet nur noch
ihr wäret seine Brüder

ARABIEN

Arabien
Trailermentalität
Wooderson
Livin
»L I V I N«
»Oh no, it's just rubbish.«
Soak up the moment.
Schwarze Köpfe. Naivität.
Mentalität.
Soak up the moment.
Die Emotion macht stark, doch dahin nicht der Denkansatz,
kein Denkansatz,
Nur Emotion
Stärke
Tanzen.
, um des Tanzens Willen
Tanzen
Kein Posen
Rauchen, obwohl nicht Raucher
Nicht Begriff davon
Kein Begriff,
nur Emotion
Schreiben in Kerzenlicht
an Palmen
unter Palmen
das Übrige längst im Bett
- Nicht abwertend -
- Natürlich nicht -

- Wieso? -
- Nicht die Frage -
Weiter
In Kerzenlicht
Sammeln. -
Für richtiges Gedicht
- Vorlauf -
Kerzenlicht,
Bier,
und die Zigarette, obwohl nicht Raucher
Sammeln.
Trotz Rausch -
Bündeln - zu
Bündeln zu geformter Energie
Gedicht -
Sammeln - Pause
Neue Zigarette -
Schluck Bier -
Weiterhin Kerzenlicht,
da - in Nordafrika -
- zu endlich wahrem Gedicht -
Bündeln -
Endlich -
Vorlauf beenden -
Endlich,
da:
Gedicht, endlich:

Und du sammelst dich
Und siehst doch hier,
Stellst dich in dein höchstes Licht
Wie nie näher nah an dir
Lang verwahrheitest dich nicht
Doch nun, wo sich Rauches Schwaden in Dunkelheit brechen
Hörst dich endlich wieder ehrlich zu dir selber sprechen
Und sprechest zu dir klar
Vorbei der Tunichtgut, zu End der Narr
Wie lang verleugnet' ich mich
Im alltäglich Schweigen
Säumt' indem ich meinem Ideal nicht glich
So brech ich los nun schallend Reigen
Nicht will ich mich nun der Versäumnis jochen
Anprangern meine Zeit der Untat
Denn brauch ich nicht auf's Arabien zu hoffen
Weiß wohl: Spannte nur Bogen stärker Zeit des Mahlwerks Unrat
So blick ich hin und bin beschwingt
Zeit gesetzt vorbei, die der verleugnenden Verschwiegenheit
Froh durch Tale der, der sich zu den Bergen singt
Zu eben schafferisch Gediegenheit
Möcht ich nun wieder hören, wie der Tonus meiner Silben klingt
Erfahrung, wahre, nackte, nie nicht tot just liegenbleibt
Sondern staut sich, sich in Erzählung zu erzählen
Und des Dichters Sprache sucht
Das Siechen, lange, war kein unnütz' Quälen
Nur das Echo des Poeten, immer lauter schallend Ruf
Sodenn: hin: hin endlich: weiter!

ARTIKULATION, REPETITION

Artikulation, Repetition:

Traurige Menschen streben nach der Melancholie der Transzendenz. Glückliche Menschen sind immanent, für sich Souverän.

DAS BETEN, OFFNE

Ich bin ein neuer Mensch seit Ägypten. Wiedereinst. Und wiedereinst zumindest bestärkt in alten Gefühlen, opulenter in denen, wiedereinst, überschäumend darin. Und auch traurig. Wieder traurig. Und habe Entschlüsse gefasst. Und bin euphorisch in denen. Und sitze hier nun wieder daheim – allein – ohne Realität – losgelöst wieder vom Gefühl der Echtheit in echter Nähe. Und sitze so hier also wieder, und traurig und melancholisch und in Entschlüssen und freudig, denn freue mich wahrhaft darauf, auf die Erlangung der Realität, glaube wahrhaft an die Erreichung solcher, hier in der Euphorie in dem Gemüt des großen, eines großen Umschwungs. Der nicht verpuffen darf, oh Gott, bitte!- der nicht einfach verpuffen darf.

Und schreibe jetzt hier in der heimischen Sonne, allein auf dem Balkon, während von drinnen angenehm die, irgendeine, Musik dudelt, gleich demnächst ein Gedicht. Und tue das so.

Wo ist die Seel daheim?
Umschlossen von deinem Herzen
Für die Ferne leidig nur der Reim
Glimmen nachts geheim bei mir die Kerzen
Möchte opfern dir mein Leben hin
Die Sprache an mich selbst mag nimmer halten
Weil du nicht weißt, dass ich am Leben bin
Wer sieht den Harlekin im Raume, kalten?
Die Tränen nur ins Nichts
Ihr sollet sehn mein bittres Weinen
Netzen mich in Sphären des Gewichts
Exponiert sollen werden Verliese, kleine

Getragen werden zu größter Relevanz
Erstrahlen durch eure echten Blicke
Zu wunderbarem, schwerem Künstlertanz
Lenke, Gott, so doch endlich meine Geschicke
Dahin, dass mich nimmer nur allein verschanz
Und in dem Glück der Liebe meiner Seele Narben flicke
In den Wonnen der Arme ersehnter Realität
Die mich existieren machten auf höchstem freiem güldnem Hügel
Erlangen lassen Dieses, die, die's mit perfektem Ohr versteht
      Dass ich spannen kann zu größter Freiheit,
und dann um sie schließen die meinen herrlich Flügel

SEHEN

Es gibt kaum Akzeptanz außerhalb des Momentes der Ruhe, nur sondern Sicht aus der eignen Konstitution, deren zur verzerrten Wahrheit verkommnen, daraus gewordnen Instanz, und somit nur die Betrachtung der Diskrepanz zu anderen, die jedoch nicht als solche ersehen, sondern stets dabei zum Mangel im Verhältnis konnotiert, weitreichend vor sich heimlich so konzipiert.

DER LÜGNER

Bricht der Seele Schale auf
Verletzlichkeit zur Schau gestellt
Nimmt reines Fließen seinen Lauf
Öffnet Pforte zwischen Ich und Welt
Loblied auf leidigs Künstlerjammern
Stell das Schwach auf hohen Turm
Hinreichen im Lied will danach klammern
Entgraben sich wie Regenwurm
Flüsternd Prasseln zeichnet Melodie zum Lied
Suchen nach Versöhnung in dem guten Leid
Betrug im Singen, den der Schwelger liebt
Nur scheinend nämlich das Liede heilt
Ist kein holdes und befreit auch nicht
Nur anzuprangernd verächtlich Egoismus
Hausiert der nur, der mimt flackernd trauernd Licht
Sucht nach tragischschönem melodiösem Aphorismus
Um zu haschen für sich Jäger Katzenaugen
Bis nach langem Starren geht herab von seinem famosen Throne
Kann er schon selbst bald sein Wort nicht glauben
Und Lüge nur noch, dass Rührseligkeit da in ihm wohne
Betörend Kleid, infames Glitzerwerk
Kleinster Dichter, der blind da seinen Schmerze liebt
Verblendet Okkupanz, was als Zeugnis sein Gedicht lehrt
Und so er zeigt an: Dass er's im Niedergange sieht

DAS STAUNEN

Das ist der Stolz der Mutter:
Die Herausgabe der Identität des Kindes als Objekt
in dem freudig-verwunderten Erstaunen über den erlebten Geist,
in dem Verlieren und Neuvergeben also.

CAMEO BAGHDATIS

- Cameo Baghdatis -

Schallende Trompeten
Leer und ausgewaschen
Glitzernd Lichterwerk von Raketen
Nach dem funkelnd Durste haschen
Doch vergehen bald schon die Fanfaren
Und dies immer wieder neu
Um bald schon wieder aufzugehen, am Himmel, klaren
»Dies ist, worauf' mich freu!«
Dies ist des Harlekins Taumel
Tide, allwährend der Gezeiten
»Ketten, an denen ich Gefangener baumel.«
Glückselige Freiheit des Befreiten
Selbstlos ist die Freiheit, und man darin sicher richtig
Die Melancholie in schwerer Zeit nicht wen'ger wahr
So denkt der, der darin, dass alles Lachen eh nur nichtig.
»Hab ich Schmerz, und schreib ihn auf, weiß jeder, dass ich war.«
Andrer: »Welch Dummer, welch Narr.«

DAS GIFT UND DAS LIED

Weg vom Dreck
Zu Menschen richtig Sphären
Bring Dich bitte weg
Davon im Rausche Dich zu leeren
»Doch sehe Freunde durch den Rauche
Die wollen mich sympathisch zu ihnen laden
Vergesse meine Ehre und handle aus dem Bauche«
Nur der Speck jedoch macht krank die fetten Maden
»So pranger ich mich an in nächsten Tages Schmerze
Gegangen zu sein in des Willkommenseins Wohlgefühl
Zu dem nun nur noch bitterlichen Scherze
Entblößt zu haben meinen Vorsatz als lächerliches Hohlkalkül
Nun muss ich wieder arbeiten lang
Zu meinem Vertrauen zu mir wieder hin
Verächtlich distanzieren mich vom schändlichen Momentesdrang
Vorm leuchtend Stieren ersehen Hintersinn
Nicht euphorisch aufstehen, tanzen Gifte zu konsumieren
Sondern mich wieder zu setzen in Stille in
Arbeiters dunkle Kammer, zu producieren
Erkennen, dass ich Gedanke meiner nichtmehr bin«
Nicht nämlich Labsal aus den feinen Giften
Des Rauchs, der Trunksucht und maßlosen Völlerei
Diese werden ziehen nur umso stärker, je heftger sie im Momente liften
Verhaften lassen nachher nur Menschen als Teil vom Schuldesbrei
So weiß er sich nämlich in seinem Schuldgefühl
Erkannt die Schwere seiner leichten Taten
»Heb mich aus, da, wo ich wühl«
Und aufgewühlt kann er nicht mehr denn klagen

Da nicht vermag sich zu versprechen
In seinem großen kargen Ungewiss
Neues Gesetze, das da wär wohl nur zum Brechen
Woraus wär dann neuer Teufelszwirbel, weitrer Riss
Verbrechend größ're Schande, deren heftigerer Sog
Und rudimentieren würde sich Vernunft- und Denkerwesen
Im Ausbleiben, und immer schlimmrer Sehnsucht nach dem Eigenlob
Zur leidig Begierde nach dem, was mal gewesen
Denn nur vermisst kann werden es in Kenntnis
Der Absenz des Seins am Ideal
Und dennoch gefürchtet nur noch ärgere Bedrängnis
Kann nicht einfach werden abgetan die schnürend Qual
Denn Schlucht der Diskrepanz macht abstract Gedanke
Aus ehemals konkreter Tat
In die man einst darin versunken
Nun existiert nur noch deren Mahnung Flanke
Und nicht kann Betrachtung aus Distanze werden verwunden
Mit Sehen, leidgem, derer wird man abgestraft
Nicht mehr im echten Versinken aufzusteigen
Sondern in Rausches Äther, dessen Dunst
Ja eben nur in dem, des Nichtses, Grund zu bleiben
So weiter zu versagen sich die eigne Gunst

»Doch warte! Woher der Gedanke hier?
Ist noch Rest da, der vermag in Richtung wahrer Gestalt zu urteilen
Vermag der etwa auch zu treiben mich in richtgen Ergebnis Gier?
Zu entsteinern im wahren Leben Statuen aus Urzeiten?
Mich meißeln machen neue in stillem Abseits

Der Höhe tiefsten Nichtdaseins?
Mich zu setzen vom Willen ins Bereits?
Und Geistes Streben zu ändern in meins?
Das meinige, der ich dann wäre wieder Gesamtgestalt
Frei innrer Mühen und Misslichkeiten«
Bekäme der Große von sich wieder Gehalt?
Er selbst zu sein, in dem Nicht-Misslichbleiben
Sondern zu sein im ständigen Werden
Wachsen, Suchen, Finden, Schrumpfen, und das immer wieder
Damit Leben zu machen sterben
Und auferstehen zu lassen in Melodien mannigfaltger Lieder

-Die da wachsen nur in Zahl und Menge
Wo Leben wieder größte Freiheit ist
Und aus seiner Kammer vertreibt Enge
Dichter auf natürlich Weis, indem gewiss
Dass er zu tun hat und sich läutert
Mit dem Schriebe aufs Papier
Er in andrem Falle meutert
Nicht kundzutun, wie gemein die liebe Gier-

-Lebt, gewesen zu sein
Und für sich in Herrlichkeit zu erstrahlen
Findet sich darin am Leben zu sein
Und macht zu Herrlichkeiten seine Qualen-

-Das Gift tötete, das Nahrung
Gab, nötges Vermissen
Bewahrte mich vor Bewahrung
Und lässt mich nun wieder im Wissen-

DAS JAMMERN

Wer gibt sich für die Liebe auf?,
Der Kann nicht Künstler sein
Ich schlage meine Lider auf:
Zittrig Finger sind allein
Vermöcht nicht zu haben, was Geld nicht kauft
Weinend Labsal in tristem Reim
So find ich Schönheit, doch vergeb mir nicht
Windes Rauschen, Waldes brüchig Knospen
Nie wärmt den Poeten der Kerze Licht
Wie gern, ach! möcht ich mich verzehrend über goldne Wiesen hopsen
Überschwänglich vergessen Lebens Sinn
Die schwergängig Maschin der Fragen lassen
Bin ich nicht, bin ich nur, was ich nicht bin
Wie muss ich lautes Jammern hassen
Keine, die da wird meine Realität
Und der Jammernde so jammernd die seine Jammerkurbel wieder dreht

DER TÄNZER, SICH TANZEND LIEBENDE, LEERE

»Und ich zeichne mir das Bild meiner Realität!
Versiegen Sporen fremdgesungner Stücke
Vergleißen nach Zenit Fragen Komplexes, der sich trägt
Euer Treiben bildet nur dem meinen dazu die Lücke
Und brauche ich die zu meiner Selbstbehandlung
Erlabt, ersehnt, erwebt, verlebt, genommen
Für die ständge Metamorphose, große Wandlung,
Zu schotten nur die Flanken in größten Wonnen
Die Differenz diffizil, doch treibend gerade, nährend
Und so nötig mich zu machen in mein Zeichnen
Bildnis, das verfeinert in Kratzern tuschend während
In der diesen großen Kunst Leben tut an Statue bleichen
Reflexiver Widerhall, Kenntnis anzeichnend, herzugeben
Kunde: ist ein Großer da am Werke, groß einfach zu sein
Rechtens, und nur logisch, in übersteigend großem Leben
Welch Holdheit wird mir, wenn ich erst nurmehr mein Gebein
Und vernetzt sich und zersetzt sich Welt in seinen Gedanken
Ein Mensch wird sein gewesen, wenn sich auf Rängen Mythen ranken
Zu großer Fülle, ständig Frage hin, zu sich und Sporn
Sich zu beschäftigen, bis da als Monument einmal gestorben
Und will heißen redlich Edelkeit, im Bestaunen, bezweifelnd Zorn
Der Kleinen, die da reckend werden sagen: Ich bin nicht, er ist geworden«

SCHNELL ZUR KUNST

Ab der wahren Eintrittsstufe entspricht Kunst nur noch sich selbst, ihrem Begriff, und ist nicht mehr besser, schlechter, nicht mehr mit deren Bewertungsfamilie einzuordnen, unzulässig nach der abbeurteilt zu werden, sondern nur noch anders als andere.

DER DICHTER

In der Poesie da nur lebendig
Hat sich längst echter Schritt beendigt
Und dreht sich Welt in Meilen
Durch meinen Hebel angetrieben
Alles treibt Knospen, keine Blätter noch verweilen
Zu treiben fort, was' sind geblieben
Zu werden weilend und zu eilen
Alle nur noch umgetrieben
Zu schielen nach dem Treiben
Nur zu horchen nach dem meinen Schritt
Ihm zu folgen, wälzen immens Bewegung
Ein großes Rauschen in des Feldes Tritt
Galoppierend Ritt nach der einhellig Belebung
Lüsterns Engelsstreben in dem Glockenklang
Gedeiht der Wille nach dem reinen Drang
Zu fassen Engelns heilge Schürzen
Sich im Stieren gierig nurmehr danach zu stürzen
Sich überflutend in dem hohen Rausch
        Der nimmer Einzelnen in sich duldet,
nicht Augen und nicht Körper braucht
Der sich in tosend Schäumen anwachsend mutiert
Immer infernaler zu werden nur immer
Kein Individuum, das im Gedanken dessen noch verliert
Und sitzt nicht mehr Dichter irgendwo im Zimmer
Sondern öffnet vollends sich Kanal zur Echtheit
Strömen Wellen Lebensblutes offen hin
Nicht mehr Beschränkung Menschens Zeit
Kein verhindernd Schmand, Tages Grimm

Nachtes Werk nimmt jeden Schimmer
Dass ein Tag auch nur zum Leben sei
Keine Verspiegelung vom großen Minner
Wo bin ich gleich des Lebens frei?
Und treibe, in mich fortzufluten
Nicht die Ahnung, muss mich sputen
Zu jagen, sprengen weg, und öffnen Schild
Das Durchfliegen meiner Lüfte Gfild
Wer erzählt mir wieder nichts?
Garkeiner! So fliege ich im Antlitz einzigen Gewichts!

DER DRECK

Lugt hervor deren Stieren
Schergen lüstern jeden Ecks
Kann den Raum mit Geifer schmieren
Alles verwaschen eklen Drecks
Und das helle Klimpern in den Ohren
Lässt die Höh' der Engel ahnen
Wer muss zutiefst im Diesseits schmoren
Zu laufen nur festen Schrittes Bahnen
Welche nicht nach Unfassbar'm greifen
Bleiben bei Abendbrot und Bier
Worauf nicht Träume nach dem Himmel reifen
Füllt sich nur Gedanke mit dem Hier
Doch ich träume nach dem kühlen Nebel
Zu spannen Hirnes Flügel in den
Wo nicht ist zu betätigen irgend Hebel
Und die bittre Freude nur noch ist, zu sein in dem
So muss es doch sein, im Fassen?
Und die Näherung nur kann dies nicht
Wo nur sie ist möglich, darfst sie doch nicht lassen
Kern ist zu erstreben, nicht ersehen heilgs Licht
Was seit je nur da ist zu erfühlen
Nicht wahrhaftig sich herzugeben,
Verschwindet ganz in Tages Wühlen
Nur Gedanke danach wird in übersehend Leben
Zu schaffen Fülle aus Leere
Engelsmusik aus düstren Stillen
Finden in leichtstem Greifen echtste Schwere
Zu sein selbst nur noch abstract Begriff vom Willen

AN GOTT

Der große Redner wird direkter Transmitter der Wahrheit, Wahrheit an sich, in seinem Wort, dessen Instrument er somit auch nur noch ist, und entcharakterisiert, eben zu der, da nur sie so ist, sein kann, die Figur bleibt in ihrer Geschichte, sie, und wird sein, des Erhobnen, Mittel, und benutzt in der Minderwertigkeit ihrer im Verhältnis die Erinnerung an seine für ihre Nachsage, die begeisterte.
Superinstrument »Gott!, Natur!, sage mir!«

DIE BEFÜRCHTUNGEN

Befürchtung da
Laufen aller Seiten
Macht ihr Tore klar
Dass sie zu durchschreiten
Sich stets ankündigt
Furchtsam sichtvoll
Geiste ganz entmündigt
Macht sie ihn mit sich voll
Und ihr thronend Balzgang
Ist die eigne Werbung
Alles andere macht halblang
Kniet zu ihrer Ehrung
So demütigen Gedanken
Die Person gebaut
Sich zu ihren kränzend Flanken
Ihrem Fuße, der sie niederhaut
Zu betreten und zerquetschen
Die nur noch traurig Relikte
Und keiner kann mehr Zähne fletschen
So einmündig nimmermehr Konflikte
Wird erkannt Gewicht der Walze
Und eigen, bereits geknickter Halm
»Tu sodenn, mich weg, und balze!«
»Vergehe mich in deinem Qualm«
Der Unordnung, die genau
Die Ruine meiner Ordnung bedeutet
Und ich mir nimmer selber glaub
Dass sich andres als Wachstum aus dir häutet

Deine Größe nur noch steigt
Zu fluten und da wegzuwaschen
Dass sich Sorge ihrs Begriffs entleibt
Zu stecken sich in deine Taschen
Mit dir verleibt zu Bruderschaft
Deinem Gesichte erfüllt Ingrimm
Zu vernichten gute Nacht
Und zu dem Böse ich in ihr nur hinsinn
Kann ich doch nichtmehr anders
Ist perpetuum mobile dein Uhrwerk
»Gib mir schlimme Frag, ich erwander's«
Und Schrittes Klopfen Ticken nur stärkt
So bin ich längst nur Widerhall
Eigener Sorge vor mei'm Übel
»Wann wird sich reißen nieder Wall
Endlich zerren Hand am Zügel
Der Zeites holder Handschuh?
Und Sorgenfalten glätten sein Spanntuch«
Der anonyme Retter
Wenn du dich nicht verwahrst
Und mir gedeiht das Lachen fetter
In dem Begriff, dass' nur Erscheinung warst
Hyperbel deines Euphemismus
Abstracte Trugschau Bogens
Der sich spannte Sehne Pessimismus'
Zu platzieren Wohnen
Der Sichte seines baldig Abschuss
In meines Geistes Räderwerk

Suggerierend nur Werkes Abschluss
»Maschinist sich stählernd stärkt«
Und Weiterschau nur zum Gleißen
Der seinen Pfeiles brennend Spitze
Doch ha! Zeit kann nur sich selbst verheißen!
Und war ihre Maske nur ein Witze
Zur Abscheu deiner
Wird sie im Trugbild ersichtlich
Wird der Starre kleiner
Und Arbeiten fühlt sich giftig
An, in ihrem Werk der Schwere
Ihr Handschuh ist die Gabe, ist Entnahme, ist ihr Name
Ihre Leere, ihr Sehen ist ihre Lehre
Ihr Wahne ist ihr Vergessen, eignes, Neustellen, panischs ihrer Frage

An sich hin
Ich bin, ich bin
Mich ihr zu unterstellen
Und muss ich weiterschwellen
Meine Sicht zu hellen
Mich zu verkleinern ihrer Wellen
Schreien gellend meiner Schwäche
Ich zehre, wenn ich von ihr zeche
Ich nehm mich selbst aus mir
Platzier' verwandelt Zeit ins Hier
Meines, in der Fratzenmaske
Dass ich mir ihr Bild auflaste
Schweren Wankelmuts

Gedanken aufgesetzten Hampelhuts
Zu feiern leidlich ihr Jochsein
Kann nicht! Es muss doch sein!
Und spannt sich Bogen nur
Bleibt der Blicke stur
Die Zeit, die goldne Hur!
Ich zeige Zeiger ihrer Uhr!
Und es schlägt nichts
Der Bogen in der Hand des Wichts
Der Bogen wird zum Kreis
Dies ist der Betuchten Weis
Zehren zu zehren
Werden zu werden
Lehren zu leeren
Erscheinen zu sterben
Und streift sich Handschuh ab
Und wird da völlig nackt
Metamorphosiertes
Und entspannt verliert es
Seinen Drang an sich
Findet sich in neuem Licht
In dem es nicht nur sich bricht
Sondern auflöst, zu seien nicht
Mehr und nur noch Frühling
Still zu gedeihn als neuer Blühling
Zeiten durchzumachen
Und als erwachsne Gestalt Furcht zu machen
Alsbald, wenn wieder wird

Zeit karg und die sich spürt
Nun ist doch alles wieder herrlich
Und der Hospsende in Verklärung ehrlich
Jetzt nur ist, und ich werd' nich
Stirbt nichts, ich erb nich
Und Gedanken existieren kaum
Zu füllen übervollen Raum
Welch wundervoller Traum
Es wird gewebt der gülden Saum

Und wach sich Schläfer glaubt
Glaubt gar nichts mehr, in seinem Vergessen
Und gut, dass Zeitgefühl sich beizeiten raubt
Sich in Sorge nur manchmal an ihm wieder zu messen

Die Sorge ist aus Zeit in sich
Fern Raumes und Begegnung
Ihr voller Raum nur werde ich
Und Zeit durch ihre Geistsbetretung

DIE DUMMHEIT

Wir nehmen das Lob der Dummen gern an, es schmeichelt uns,
ihre negative Kritik hingegen will uns nur ihre Dummheit bedeuten.

Ich schreibe kein Gedicht
Ich gebe dir kein Licht
Dein Lob, ich will es nicht
Will ich doch nur dein Gesicht

DER FERNE, SCHWELGER

Wer da ständig ist am Sublimieren
Möcht den Kopfe nie verlieren
Doch auch endlich senken sich hinein
In der Liebe leichtes Sein
Dies ist der große Zwiespalt beider Wesen
Möchte der Intellekt nur seine Seele lesen
Und in Wort nach außen tun
Verschlepptes Herz so nie am Ruh'n
So steht der Herr am Scheideweg
»Ich, nur möglich, gänzlich nur fürs eine leb.«
Oder doch die andre Seite?
Streck ich meine Schwingen in die Breite
Oder schließ ich sie zusammen über wunderbar Geschöpf?
Nicht, dass ich damit meiner Tragik Schwingen schröpf!
Sodass die sich nicht mehr weiten zu ewger Herrlichkeit,
Worin der Kopfe mit dem Herzen ehrlich bleibt,
Bliebe, bis das Fleische welk, und über Tod bestünde
Doch auch will Herz in Zerfluss münden
Verzehren sich in liebster Narrenei
»So lasset los, ihr Ketten!, den Narren frei!«
Auf dass Leben umsonst und zwar ohne Last
Der, der wertlos tanzt, niemals des Tanzes Boden hasst
Doch nicht soll werden Liebe hier verrufen
Ist jedes abseitige Wort doch nur gescheitert's Versuchen

DER FREUND

Augen Rücken ward benutzt
Nichterhören anzusinnen
So die Seele dann geputzt
Innern Drucks da zu entrinnen
Doch über wenn da ward geredet
Zu ernommen Zuhörerhülle hin
Der hat's Gespräch entsegnet
Flohen Wort zu seiner Fülle hin
Die nur aus Zorn von da
Wetzen muss jetzt sich Gedanken
Was da Intrige noch eben war
Mündet in hitzgem Zanken
Luft und Regung zu entzünden
Sich nur den Weg zu nehmen
In dem Begriffe nur zu münden
Zu sein Nemesis in seinem Leben
Und muss man nicht mehr begründen
Schon bald sich unheiligs Streben
Je heftiger das Wallen
Der Auftrieb aus dem Nieder
Quillt an krallend Gefallen
Am Gesang der Hasseslieder
Die feurig Äpfel reifen
Ihre Sicht zu neuem Bilde
Und will nur noch darum kreisen
Der unhold Wilde
Zu beschränken sein Greifen
Zum spornend Schilde

Was die Waffe aus der Abwehr
Von Ego unter Attacke
Wurd es doch gekränkt so schwer
»Ich nehm ihm, was ich hatte«
Und Verstiegenheit bricht sich selbst
Mit der Erkenntnis im Gebrechen
»Rasen, nur in dir mich hältst«
Und der Begriff geistigs Versprechen
Ferne nämlich von Verstand
Für Überschau Komplexes
Und wie sich der zur Wahrheit wand
Zu entstellen als Verhextes
So wend dich ab von kalten Mauern
Wo Sprachesmöglichkeit versiegt
Da nur Schweigen kann überdauern
Polemiks Fülle, die ihr liebt'
Sind doch nun schon Narben
Und hat er angefangen auch immerhin
Was macht Fixations Erharten
»Gesagt hat er's. Sein Bild bleibt immer drin.«
Bleibt mit Gestalt verwachsen
Und verwächst Wahrnehmung
Henkt als Klotze nun am Haxen
Und dient ständiger Entlehnung
Und bildet sich doch auch zurück
Der Griff, entlässt Dringlichkeit
Doch nie mehr würd altes Glück
Ob stiller Gedanken, Unwiederbringlichkeit

Die damit auf stets enthalten
In dem Kern betrogner Wesen
Was mahnen soll, wie zu verwalten
Sprache seiner, und sich selbst zu lesen
Schon in kleinstem, größt's Verhalten
Ist doch Herrlichkeit schon nur gewesen
Kann das Wort nicht an sich halten,
Gehen Freunde übern Tresen
Und werden Sprüch Gestalten

- Die Lästersprach
Die leichtste und schlimmste der Polemiken
Bildet sie doch die größte Schmach
Wenn sich Hörensagen verewigen -

BEMERKUNG – AN EINEM TAGE IM SOMMER

Das ist die Genialität, die von jedem Menschen ausgeht – die individuelle Klasse im Kontext, durch den in Zusammenhang zum Gesamten, und frei und losgelöst von dem, heraus zu dem wieder, des anderen naturalistischen Erkennens dieses Processes, der Werthergabe und Realisierung durch diese Identifizierung. Die Genialität des Lebens.

Was ist ein Genie? Genie ist Überspitzung. Genies sind Producenten, die mit ihrer Geniemasse, dem Produkt, Welten schaffen (in der Sprengung der normalen und der Schaffung Eigenuniversums um sich damit (Zeitenuniversum – also eigene Zeit schaffen, Begriff: Zeitschaffen, sowie eigene Wogen, also ein Tiefenuniversum, was also seine Kreation seines Raumes darstellt, seinen eignen, neuen Raum also (Auch: Raumuniversum))), in dem Bestaunen der Normalen, mit deren Einschätzung eben der Sprengung ihrer normalen indem, mit dem. Nur also Genie möglich in der Korrelation mit dem Interpretanten, dem abstracten Erkennen an sich. Schaffen in der Dechiffrierung.
Kontext ist Macher, Verzerrer, Verzehrer, Verehrer.

PRINZIP DER KOMÖDIE
In der Komödie, Inszenierung: Das Groteske demaskieren, zur Normalität inszenieren, durch unpassende, modellierende (groteske) Rezeption. Schon von außen der Blick möglich auf's Scenario, herrliche Spiel.

Ob es der Konsument, dem Ausgesetzte komisch findet, überhaupt merkt, und somit überhaupt nur eventuell dem ausgesetzt ist, wird, sich selber dem aussetzen will, durch die Anerkennung, liegt an ihm, seiner Wahrnehmung und Rezeption, dem Bezug zum Stoff. Von ihm das Funktionieren total abhängig, die Mache an sich, ihre Existenzwerdung, ihr Aufkommen oder ihr Nichtsein- werden eben. (Das wäre dann bloß das unlustige Komische - die Normalität)

KLASSEN:
Ein nüchterner Mensch wird selten reine Freude empfinden. Da er einer sachlichen Optimierungssichtweise unterworfen ist, wird er sich in seinem Kriticismus zwar häufig in den erkannten Missständen, der steten Unerfülltheit stören, weiter sein, aber selten frei und einfach berauscht sein. Er wird die Komödie selten empfinden, das Komische, rein-Emotionale, weniger Lustigkeiten begegnen.
…*sie werden ordentlich sein, und ohne eigene Komödie, von wenig Komik.*

DER FUNKE

Ist da etwa wieder Funke?
Der rollen mag, wachsen und mir Werk verheißen?
Riecht der Säumige doch gerad Lunte;
Und kann entstehen daraus prächtig Gleißen?
So dass der, der wegen Untat nun sich selbst nicht mehr vertraut
Mag streben wieder, ablegen sein Niedersein
Kann geschehen es, dass aus ihm sich großes Werke wieder baut?
Oder bleibt es bei diesem, somit dann nur naiven Kindesreim?
Wird Echtheit aus sonnigem Versprechen?
Und der eigentlich Umtriebige wieder Zügel an sich spannen?
       Nur damit sich zu anzutreiben,
dass nicht Diskrepanz wird wieder rächen?
Zieht Geist aus aus Joch, hinauf, von dannen?
Oder wird es nur beim Wollen bleiben und der Schmach
Sich selbst immer wirklicher nimmer glauben da zu können?
Und verhallen Ankündigung, euphorische, zur Narrensprach?
Was wär, wenn ideale Könige wieder mir gewönnen?
Ich mir selbst vertrauen könnt, durch stetes Bringen heilger Güter
An mich hin, mich in der Gabe zu nähren?
Preschen würd gerichtet, wie integrer Wüter?
Klar bestimmt dahin zu gehen und Wunsch zu Realität verklären?
Ausmerzen Fraß in Gedanken an schändlich Versäumnis,
Nicht zu denken nur der Wege, sondern sich auf sie zu bewegen?
In der großen Baut zu legen mir Zeugnis?
:
Drückend Staub gewesen,
staubt und brennt die meine Welt, so bin ich ideal am Leben.

DIE REFLEXE

Der menschliche Instinkt legt den Reflex nahe, dass die eigentliche Realität ein Mittel zwischen den aus ihr ausufernden Extremen sein muss, dies ist jedoch falsch und nur der ebenfalls instinkthafte Reflex Entgegenstrebens nach Ordnung aus Existenzurangst, in dem nur misslich auf Dauer geblieben werden kann.

EIN MÄRCHEN

Ein Märchen
Gestaltet von singend Lärchen
Jedes Tier lauscht seinem Wohlklang
Betört, beglückt, erfasst, erquickt von seinem Hohlklang
Doch nicht Bewertung, nur der Fluss der Emotion
Ist da und hebt die Lauschenden auf Singerthron
Wo jeder nur für sich, und doch's Gedichte offen
Alle sind auf schönste, tiefste Weis vom Lied besoffen
So wachsen himmelfassend allen Flügel
Wie weit doch, oder gab es je ein Übel?
So tanzet, singet, labt sich alles an den Engelsglocken
Und so, im weißen Licht der Sonne nur Singsangs Frohlocken
Gott selbst öffnete heut uns seines Reiches Pforten
Doch nicht können wir gehen mit seinen Worten
Nicht fassen seine Hand in Engelsflattern
Schon bald muss Mühlens Mahlwerk wieder rattern
Doch haben wir nun Ahnung, können ermessen seinen Reichtum
Besser Leben in der Hoffnung, dass wir es einmal den Engeln gleichtun
»Als solche auf die Erde kehren, nachdem erst wir welche werden.«
Verbinden beider Reiche Herrlichkeit, und schaffen Leben im Sterben

IDENTITÄT

Mein Herz sehnt sich nach dem Traum der Identität. Und weint. Und ist zittrig und verzagt und schwach und verletzlich in seinem Bestreben, ganz klein. Und träumt weiterhin nach dem Ideal, schwach und weinend. Und möchte streben, weiter wandern, nach der orangenen Sonne, und unter Tränen sein, doch dort nicht bleiben. Sich zu erheben zu Rechtmäßigkeit. Und dennoch nie auswachsen ganz. Und immer weitergehn, unentdeckt und still und für sich im gülden Lichte. Unter dem weiterzugehn heimlich, und dies im Traum zu füllen. Über weite Felder, weite Strecken, schmale Wege, weiterhin, um doch irgendwann zu schließen. Zu sein. Und stark sein und gesehen stolzer Brust, für die die Sonne dann zu erstrahlen darauf und Weg zu zeigen. Durma o meu menino. Chorar.

AM NACHMITTAG

Nun lieb ich eine Frau
Doch darf nicht lösen Verhängnis' Tau
Kann nicht anders zu ihr sprechen
Nicht verfallen in neckisch Tone, frechen
Sie wissen machen zur Deutung
Muss schwelgend Gedanken beenden in Läut'rung
Scheinen nur zu sehen sie wie all die Jahr
Darf nicht reden zu ihr vernichterisch klar
Mit einem Mal ist sie Wahrheit geworden
Und muss nun Sehnsucht durch Verstand immer sich morden
Verhaltend, stille Gebete an Zeit Dich zu vernehmen
Unsichtbar gewisperte, in Windes Blätter, Dich zu stehlen
Unter meiner Wahrheit Flügel zu umspannen Dich
Und es alsbald schon nichtmehr Stehlen heißen
Wenn Reinheit nimmt Herkunft Gewicht,
Wir wandeln auf der Welt, doch eigen Sphären kreisen

DER JÄGER

Brennen Nebelschwaden
Drückend Wolkenfetzen
Inspiration will laden
Auf!, muss zu ihr hetzen
Bersten Stimmen, zerspringt Herz
Reißen Bande vom Komplexe zum Kanal
Ein wildes blindes wütend Scheppern, göttlich Terz
Freudig Augen und tolles Herz ließen keine Wahl
Die Faust drohend in die Luft,
Stickig Schleier, zerstäubt durch Reitertoben
Wirbel auf die miese Gruft
Find die Freiheit in lachend Herzes Wogen
Engelslachen macht den Himmel klar
Schmerz der Sehnsucht in der schönsten Schönheit
Gespannt der Jäger bis in letztes Haar
Golden gleißend Schein der Unvernichtbarkeit
Sprengt den Dunst auf je hinfort
Zweifel vergeht in heißem Fesselschleudern
Sengt sich Staub, verkommt in schönem Mord
Seelens Flügel lassen sich nimmer in dunklen Kerker räubern
Wie gehässig Nackenschlag wird sein das schöne Wort
Wenn Emotion, wieder nur bereits vergangen, sogleich wird meutern

DIE BEGEISTERUNG

Die Dummen bleiben in der aufflackernden Vision immer wieder nur, durch begeistertes unreflektiertes Dareingeraten, die wahrheitlich Strebenden lernen Müßigkeit und Zeitgefühl und erfahren Wertschöpfung aus dem Brotbacken.

ANKLANG, EINER

Wer zeichnet Emotion
Leeres Wippen zu erzeugen
Schlägt mir höchsten Ton
Alles unter mich zu beugen
In der vollsten Fülle enthöht auf zeitlos Thron
Ich möchte nur mein Menschsein leugnen
Nichtges Rudern, Schlag der Trommel
Machen seiden Flüsse treiben
Göttlich Himmel inmitten meiner Gondel
Muss mich in blind Ertüchtigung entleiben!
Zu sein in leichtstem Nichts
Geblendet zu sein in alles Raume hellsten Lichts
Fliegen rauschend immerfort zu Kühlen ehrbarsten Gewichts
Mich zu ersehen rein im Spiegel Gottes Angesichts

DER KÖNIG

Wir haben verloren
Und ist aus uns fremder König geboren
Und kennen wir ihn nur zu gut
Lacht auf uns hernieder aus des Kampfes Glut
Nur kann er daraus erhaben strahlen
Sein stolzes Antlitz zu uns nieder blenden
Verhasster, wo wir nur im Joch der Niederlage Qualen
Und möchten liebstens unser kümmerliches Dasein enden
Nicht weiter sprechen
Ertragen dieses unsrig Leben
Einfach mit dem Leben brechen
Und schnellstens uns Erlösung geben

A LINGUA

A Lingua

Von zarter Zunge macht sich Traum
Gesungen fremder Lunge fernen Raums
Wie ist die Liebe zu meiner Ferne
Identität wie auch Illusion
Wieso ich mich nicht näher zu ihr lerne
Wer Sprach versteht, hat Konklusion
Bin weiß auf der Haut
Mein Blut spricht Portugiesisch
Nach eignem Anderssein stets geschaut
Fremd in der Fremde: Glut vergießt sich
Gesprochen still nur in eignes Hirn
Paulo kennt seine Lehmmauer
Wann bietet Arbeit dem Wunsche Stirn
Wann werde ich meines schändlich Makels Abriss Erbauer
Setze Fuß singend ins Land
Frohlockend zu meinen ihm zuzugehören
Wer hat welche Blume benannt
»Wer wird den schönen Traume stören?«

BEMERKUNG, INTELLIGENTE

Introvertierte Intelligente sind gefährlich. Sie machen uns lächerlich in ihrem Schweigen.

»Oh holder goldner Lockenschopf!«
Kocht in sich gesotten Kopf
Sich zu bringen näher
Offen Seher, stillem Späher
Und wird Gedanke virulent
Dass in seiner Sprach auch er zu End

DER MAKEL

Der Fremde, Abstoßende
Nur schon Zeichen seines Makels
Und Anonymisierung, tosende
Bringt Augen näher seines Nabels
Plakatiert wird große Wand
Zum gezüchteten Dazwischen
An ihn, aufdass sie dann
Und Geisteszungen zischen
Ihn sich aufhängen
Doch sind selber Nagel
Finden nur im Drängen
Weitren Hagel
Weitren Drang
Nur im Malen
Decken Verhang
Vergeben Zahlen
Zu entgeistern
Und erschaffen
Zu enttiefen im Begeistern,
Echtes Klaffen,
Sich gewolltes Bilde,
Es auf ihr Wesen nur zu flachen
Dennoch zu denken es zum eigen Schilde
Das verbirgt nur offen Waffen
Was sein Zeichen in sich trägt
Sich auszusagen gegen einen
»Drauf gefasst, wenn's schlägt!«
Und in Phantasie zu einem

Gedanken der Hohlgestalt
Und Wunsch nach Selbstfülle
»Ja, Schelm, wohne halt
In Dir: bist selbst Hülle!«

IM ZWIELICHT

Ich möchte ein Gedicht schreiben, doch kann die Energie nicht finden, alles dreht sich um. Aus Euphorie wird unerträglich, zumindest so scheinend, Melancholie, und war die vorher eben so groß, so ist der Negativmantel der Folge nun schwer und alles Kopfe unter sich kleidend, verhängend in des Träumers großen Verhängnis und deckt die Gedankenlyrik ins Dunkel und ruhelose ermattet Untat. Welch Zauber, der da, welch Zauber, da im Welken, im Beobachten vom dritten Standpunkt, des Welkens, des welken Blattes, das sich da zersetzt und den Destrudo, der aus der Lust, mit sich im Strudel aller Destruktion schmerzend langsam reißt, qualvoll wankend danieder zieht, im wundervollen Tanze des leichten Hinabsinkens durch den Schatten der warmen Frühlingsluft des, dieses, gülden zeitlos Abends.
Ich finde kein Ende. Keinen Sog heraus, empor wieder.

DER RETTER DER VERLORENEN BRÜDER

Der Retter der verlorenen Brüder
Findet sich im Gespräch
Ist der Freundschaft erste Hüter
Wo verpufft in Distanze gequollen Schmäh
- Barst Tonkrug zu Scherben
Weil Ahnung, das 's Wasser des andern nicht schmeckte
Vermocht nun für Wasser zu sterben
Und man sich nach des Nachbarn Krug die Finger leckte
Doch solange gedieh zwistger Gedanke
Der still, allein und dunkel im Kopfe
So schnell hellten sich die Augen an des Freundes Flanke
Wie dumm nur der Verschlagene nach Kriege hoffte
So denkt er still und kurz beim gemeinsam Tee
Der aus des Bruders Hand ihm gegeben
Bande gemeinsam, mit denen ich gegen niemand steh
Austausch melodischer Silben langer Reden
Nahmest mich unter Dein Dach
Wahrheit in Freude wie zum eignen Blute
Doch nicht erst Unterschied überhaupt wieder ich schon mach
Hingegangen, offnen Schildes, erstarkt in neuem Mute -
Sieh: Das Gute!

DER REDER

Scheinen heiße Sonnenstrahlen auf mich nieder
Ich, zerrüttetes Gerüst darin, unter denen
Fiebrig schwitzend zittern mir die Glieder
Wann will sich Wolke über Agitatoren lehnen?
Und doch der Sonne Hitze nicht Nervösseins Quell
Schütteln doch sich auch Bäume unterm Wind
Nicht auch ist eigentlich das Licht zu grell
Es ist vielmehr das eigene Gebind
Der Kopf und meine Taten, die gegen mich sein mögen
Bedroh's Gewissen allzu sehr mit abkömmlichen Taten
Nicht mehr integer mit mir bring ich mich auf falsche Böden
Und muss mich nachher ach so schwer mit meinem Kehricht plagen
So leg ich Schreibzeug weg, und bewege mich aus Denkstuhl
Gedanken fliegen zu lassen, vergehen in der Luft
Und zu erleiden heftigst Mahnung, welche mich umsuhlt
Zu geloben es besser zu machen alsbald, für den köstlich Duft
Entität zu sein vom eignen Ideal
Nur trink ich erst noch aus, rauch zu End
Verweilen zu celebrieren leidlich letzte Qual
Und somit schön mich weiter blend!

BRIEF AN N.

Liebe N.!

Grässlich beschäftigend ist doch unser nun neuerliches Intermezzo, dieses solche, von welchen wir doch nun schon so lang wieder Ruhe hatten! Doch ganz entzückend immerhin auch, denn weissagt die Entflammung, die automatische, in der wir nun, ich erlaube mir anzunehmen nämlich, dass Sie genauso viel in solcher, wie ich, aus gutem Grunde, ist der doch nur der der überaus großen Verbundenheit, und der höchste Wert gegenseitig entgegengebrachten Respekts, der aus enormer Wertschätzung sich gegenübergreifend erbildet, weissagt eben die Entflammung genau dies, und sagt den aus; die teure Schlinge, in der wir beide nun, Sie und ich, uns wohl befinden, echter Beschäftigung nämlich vom Kerne her, ganz instinktiv und inbrünstig, die wert sich macht minuziös behandelt zu werden, ist doch das nun gerade mal angeborsten Gut so angeborsten, durch den obergründig nur kleinen Riss, dass diesem, ob der Ahnung, dass nach innen weitreichend er ist, zumindest ein teilhaftes Bersten, was zu einem Sprung daraus, aus dem ansonsten, in seiner tiefen Schönheit so makellosen Gut, das eben nur in seiner ästhetischen Makellosigkeit, der nämlich der harmonischen Tiefe es bleibt, passieren könnte, und somit die bedroht davon, eben durch Durchlaufen der Konsistenz zur Instabilmachung des Fundaments, bei eventuellem Weitreichen bis zu dem. Was durchaus mag sein, mit der Ahnung des eigentlichen Gewichts der Auseinandersetzung, ist doch diese eine, die Grundsätze und beide Wesen, die Art, wie sich in aktueller Zeit, dem direkten Jetzt, bei Treffen, behandelt wird behandelt. Ach, N.! Wo soll nur angefangen werden?, klar ist, für mich, und wie ich auch weiß wohl für Sie, wenn auch für Sie nicht eben vielleicht in dem Maße von Nöten, wie für mich, Ordnung von Nöten, klare Bilder der Definition unsrer Sache, und des jeweiligen Konterparts, Freundescharakters, um so unsre Sache, die vornehmliche Freundschaft, mit der ihrer gerecht werdenden Güte zu pflegen, und ihrer Definition gerecht werden zu können, welche wir, dies nur ein Einfall, ja ohnehin ständig verbalisieren, kommunizieren in oberster Durchdringung, gegenseitig immer wieder neu artikulieren und ihrer urtümlichen Identität, der wohl gewollten, immer wieder bewahren, uns derer versichern wollen und wiedereichen in der Neu-Altmachung und Festlegung ihrer, ist sie doch in ihrer Intention, ihrem eigentlichen Wesen ihrerseits, was ist mit Pflege und Hinarbeit darauf, welche aus unseren Wesen, welche sich doch haben einst so köstlich und herzerwärmend ergänzt, ihrerseits auch ganz in Automation erwachsen, sich hat erbildet, fast zu unserem nun dritten Standpunkt, zu dem wir ja nun, in unserer Dissonanz, hinschauen, und wieder da hin möchten, mit Betrachtung dessen, dessen, so traurig muss ich wohl gleich sagen, schon zu Anfangs, und konstatieren, zu dessen Vergangenheit, nämlich existiert das Ideal des vergangnen Zustands, der, dies möchte ich auch nicht in etwaiger Nichterwähnung unterschlagen, alles soll hier erwähnt werden und somit gereinigt, der, ob seiner langen Vergangenheit, schon mehr der Verklärung unterliegt, denn je überhaupt doch auch tatsächlich in Zeit existiert vielleicht zu haben, und so denn kein echtes Ideal indem gewesen sein kann, sondern nun vielleicht nur nacherige Illusion und falscher Rückanhaltspunkt, was ich jedoch in dem Ausmaß auch nicht so recht glauben möchte. Denn, liebe N., woher soll denn nun all der Fraß kommen, und die Attacke, die beiderseitige Gegenattacke in so durchdringlichen Infragestellungen unserer markantesten Wesenszüge, wenn sich solche doch früher, in dem schönen Früher, nachdem wir unweigerlich nun sehen müssen, ich zumindest im Reflex bei der Nachdacht darüber, diese nicht auftraten, ja wenn, still an dem Andern gesehen, und die dann akzeptiert, ja wenigstens nicht als nehmend und vernichtend beurteilt wurden, wenn überhaupt, laut ausgesprochen, und sonst eben in der noch größeren Nichtkenntnis, jeweils voneinander, wohlwollend als Charaktereigenschaft einer sehr eigenständigen, somit eigenwilligen, und deshalb auch zur einer Freundschaft fascinierenden, ja zur Vorschau auf eine ganz besondere Freundschaft mit der fascinierenden Persönlichkeit Anlass gab, und Ansporn die, ich möchte nicht grundlegend hier von dauernder Fascination sprechen, nehme ich doch an, das solches Vokabular von Ihrer Seite auf mich, in Ihrem weniger von Grund auf euphorisiertem Denkerwesen, nicht so entspricht, wie der meinigen Seite gegenüber Ihrer, der ich wesentlich enthusiastischer und weniger vornehmend in allen Dingen überlegt diese bei Zeiten dazu neige sie zu betrachten, eben genau nämlich dann, wenn kommt da was Besonderes; wie dem auch sei, es gaben eben diese Verschiedenheiten, auch, wie ich sie eben beschrieb, das Interesse zumindest, den anderen wahrlich kennen zu lernen, und was eben den Anhalt auch gab, den wohl wichtigsten, dies eben weiter immer zu tun, welcher uns auch heute immer noch in eben diese Gespräche von wahrem Wesen treibt, dass sich diese im Diskurs im Wesen artikulierten, moralischen Grundansichten, deckten, decken, was zu größter Freude und Verzückung Anlass gab, in eben dem Sehen der wesentlichen Homogenität, nämlich in dem der lebensphilosophischen Relevanzen. Und wenn wir nun, und dies macht beim Hinschreiben mir die Kenntnis, die sich daraus gerade erst so wirklich ergibt, hinschreibt, so, in Gestalt dieser Worte, hier auch ins Bewusstsein, wenn wir beide uns nun, denn eigentlich doch über Äußerlichkeiten so inhaltlich aufregen, und uns mit deren Aufhaltungen beschäftigen, die sie an sich sind, in der ihrigen

Funktion, dass sie uns versagen in eben unserem besondern Stand, dem für uns so wichtigen, der uns, mit unserer Freundschaft, in der so macht, in der Blockade nämlich, dass nicht vermocht durchzudringen und zu füllen diese mit ihrer Eigentlichkeit, so ist das äußerst schade, ja schon tragisch und veranlässt eben nur nach Lockerung zu schwelgen, die war in früherer größrer Unkenntnis, und dies auch klar, wie in früherem Stadium von Freundschaft dies nunmal ist, weniger Voraussetzung, die uns jetzt in letztrer Zeit schleichend schon zur Nemesis wurde. Denn auch klar ist, dass in dem Wesen, wie wir unsere Freundschaft verstehen, pflegen und weitertreiben möchten, eben dies nur schwer möglich ist und eines forcierten Weiterdenkens, was ja hier nur durch den Disput wurde, forciert ward, womit der hier hat auch sein Gutes, diese dessen bedarf, denn ist die Wiederholung unumgänglich, bei denen, die sich nur fast über Wichtiges unterhalten wollen, unumgänglich, verändert sich doch dieses Wichtige, was aus dem Denkenden, in seiner Form so gedacht nicht allzu sensationell und spektakulär und kommen nur wieder immer kleine Nuancen und Fallbeispiele fürs Abstract hinzu, was freilich nie einen Abend füllt. So dem gut ist, dass wir uns in dem Wichtigen nicht ändern, und uns in dem gemeinsam finden, was ja immerhin uns Realität und echte Bestätigung zur Richtigkeit verheißt, bestätigt, so schwer wird es für nun auch sein, uns weiter zu echten Erleuchtungen zu bringen, die ja waren immer so erfüllend zunächst, werden diese denn nur immer kärglicher stattfinden und die schwerer werdende Schwere der Wiederholung uns langweilen, sodass, woraus ja unser konkreter Streit und unsere nun schon von meiner Seite beide als richtig ausgewiesenen verschiedenen Sichtweisen, diese uns es nicht eben leichter machen wird, uns nicht gegenseitig zu entnerven, mit unseren Verhalten. Es unterscheiden sich nämlich nur unsere Sichtweisen, die wir, das möchte ich mahnend und lobend betonen, uns gegenseitig auf eben die klare, vollwahrheitliche und durchaus offene Weise, ganz ohne unausgesprochene Verstimmungen beigebracht haben, in der Manier, und ja, ich möchte mich wohlweislich hier wiederholen, die uns gehört, uns machte, unsre Freundschaft, zu der Weise, Art, Höhe, Ebene, Beziehung, es unterscheiden sich nämlich diese Sichtweisen, die sich mit der Darlegung der Gründe für das Verwehrtbleiben harmonischen Beisammenseins in der offen Hintragung hergeben, nur in einer winzigen, riesigen Frage dieses unsren Makrokosmos bestimmenden Banals: Es ist alles eine Frage des Ursprungs. Unser kleiner, winziger Streit, der mir hier mit Fortschreiben zu diesem Satz schon nur noch lächerlich vorkommt, habe ich zumindest mir doch gerade die eigentliche Unberührbarkeit unserer Freundschaft schon ganz vorzüglich vorgeführt in eben totaler nuancierter Offenheit, nach all meinen Möglichkeiten, (wovon ich übrigens mir den selben Effekt bei Ihnen erhoffe, lesen Sie dies –doch wohin!? – klar! – wofür schriebe ich wohl sonst diesen Brief hier, doch dies wissen Sie ja wohlweislich auch, mein hoher Freund) er, diese einzige Bagatelle nunmehr, resultiert nur aus einer kleinen Unstimmigkeit in Sicht, die, wie gesagt mir nun schon wieder, und er überhaupt im Ganzen, ganz und gar trivial und wertlos erscheint, doch möchte ich den jetzt hier natürlich zumindest auch noch aufführen, ohne Wertung, was vielleicht zu Anfang des diesen Briefes sicherlich nicht so gedacht war, einzig gut nur so, doch nun, immerhin will ich den Sachverhalt, wie gesagt noch anschneiden: Wenn nämlich der Ursprung anders angesetzt, und mein Verhalten bei ihnen als Folge, wo es bei mir als Ursprung, Folge auf Ihres, wird gesehen und umgekehrt, so liegt darin das ganzheitliche Problem. Wenn nun, um das Problem unseres kürzlich erst nun vergangenem, letzten Treffens, bei dem wir nicht so recht zueinander eben fanden, darin liegt, dass Sie in meiner fast ständigen, und wie ich zugebe durchaus fatal übertriebenen Albernheit, die ich währenddessen abgab, ein Resultat aus unverhältnismäßig hoher Erwartungshaltung meiner sehen, Sie infolgedessen immer mehr nur entnervt wurden, ich immer alberner aus Nichtbestätigung dieser, und sich so eine das Wochenende völlig vertrübende Spirale daraus erbildet, gebe ich ihnen Recht; Ihnen gebe ich Recht, völlig und auch mir gebe ich Recht, völliges: Der Unterschied in meinem Ansatz ist der Ursprung, den ich anders ansetzte und der mir von meinem Standpunkt im Streite, mir auch völlig zurecht scheinend, eine mir günstigere Interpretation zuließ, ich nämlich sehe den Ursprung meiner Erwartungshaltung in der gesegneten früheren Zeit, die, für welcher größeren Maßes an Herrlichkeit ich zuvor eben schon die Gründe beschrieb, und die also doch nicht, zumindest nicht maßgeblich, der, einer, Verklärung unterliegt, wie der naheliegendste, da herkömmlichste, Gedanke es zunächst bei mir war. Diese war freilich herrlich, und geneigt bin ich, war ich bis hierhin, mich an der zu orientieren, nicht zu sehr nachdenkend, und wirklich analytisch sodenn auch den Komplex, die ganze heutige Krux mir selber als recht als unnötig erklären zu können. Von Ihnen erwartete ich in meinem Unbedacht auch immerhin eine größere Anfangsfreude und mehr Engagement, zumindest ein offeneres Zeigen des Willens zu dem von Anfang an, und nahm ich im Nachhinein durch eben die andere Bewertung, Begründung, wenn schon nämlich der Ihres Verhaltens als Ursprung, was mich zu meinem Unangebrachten führte, wofür ich mir später selber lächerlich vorkam, und worüber ich am meisten gekränkt war, also zum Ursprung für eben dies Ganze. Darüber ließe sich also durchaus noch streiten, doch ergibt sich mir, wie ja schon klar, und auch bereits mehrmals geäußert, daraus nur eigentliche Wertlosigkeit. Sei Ursprung wo er sei, zumindest war er, dies finde ich, nun durchaus nicht in unser beider ersten Argumentationen, dies traue ich mich zu sagen, ja weder in Ihrer, noch in meiner, er liegt, dargestellt in diesem Briefe, mit all seinen Schwierigkeiten, zumindest für mich hier gut erläutert, hierin, und reinigt, womit dessen Zwecke getan. Mit der Unangebrachtheit meiner Habe und Ihrer zurechten Entnervung daraus gebe ich ihnen Recht, auch ihr Verhalten ist nicht sonderlich anzuprangern lustlos zu sein, zumindest nach Vortrag einiger Albernheit; Ein fester Ursprung sei nicht zu ermitteln, und will es auch nicht getan mehr werden, stellt sich eine Frage nach Schuld nimmer. Sei, wie es gewesen, es ist hinlänglich beschrieben, und wesenslos für mich, somit hinfällig, gestaltlos, wie konkretes Banales nur sein kann, und wie es nur als Fallbeispiel zu wertvollen Abstractionen dienen kann, wie diesem Briefe hier, unseren Gesprächen. Unseren.

Ich möchte nun, liebe N., Dir alles Gute wünschen, bis wir uns das nächste Mal sehen, und erhoffe, doch nein, eigentlich erwarte ich mir zaghaft eher schon Dein Wohlwollen, mit der begründeten Hoffnung aus großer Kenntnis es von Dir zu erhalten. Aufdass möge sein unser nächstes Treffen wieder illuster, und uns es gleichen, wir uns, in unserm Schein.

Dein P.

DER SÄNGER

Die Sorge befürchtet
Transzendenz lass nieder
Auf den Kopfe deine Schwingen
Die Schwermut ward gegürtet
Weinend spielt der Puppenspieler
Fertig blinde Lieder zu singen
Betäubt sich für den Rausche
Macht sich frei, schwämmt los
Nebelt sich ins große dumpfe Grau
Fasciniert sich selbst im Plausche
Erwächst für sich im Leide groß
Und wiegt Kopf trauernd in Brustes Schoß, der Pfau
Lügt sich egozentrisch ins Gesicht
Will mit dem Betrug sein Feind heut wohl sein
Labt sich an dem Blut der melancholisch Ader
»Warum nur nicht der blöde Spiegel bricht!«
Sagt's als's schaut erwacht, verheulter Augen rein
»Die selbstverliebte leidig Freude eben, nur wieder mir zum Hader!«
Welch heuchlerisch Betrug da im Zergehen!
Und mehr noch und gar ärger die Rückkehr in Klage
Was alles Teil des Zyklus Selbstbeschäftigung
Vergesse's Jammern's naive, all dein Flehen!
Dein kindischs Wechselspiel aus Selbstmitleid und Rage
Willst damit nur finden deinen Weg der Selbstentkräftigung
Weil's dir eigentlich so vollkommen gut geht
Da, im Glücke deiner warmen Stube
Wo noch die Sonne sogar scheinet aufs Dach
Willst nur weinen, weil dem Liede die Trauer gut steht
Haschen nach Rang gleich vernachlässigtm Buben
Dürste nach Musik, doch mach nicht Dissonanzes Krach!

DIE SCHAM

Ein entblößtes Geschlecht ohne Gesicht dazu,
im Anonym bleibend damit, und es nur, löst keine Scham aus.

DES SÄUSELNS KINDE

Dreh dich im Winde
Dass er weht
Bist des Säuselns Kinde
Dass in seinem Flüstern lebt
Im Schatten geborgen
Wo's ist kühl doch nicht kalt
Unbestimmte Ahnung von Sorgen
Nichts kommt nicht bald
Fühlen nur Denkergedanke
Misslich die unkeusche Attraktion
Bräuchte zum Spüren nie Lampe
Zum grellen Ersehn derweil schon
Blinder ohne Stock
Verkühlter ohne Rock
Erleuchteter ohne Docht
Ohne Raum, den der Strahl zum Erhellen
Wandeln, wahrlichs, garniemehr vermocht
Mocht so auch mit sich nichtmehr andres entstellen.

DIE ZEIT

Der Knochen müde
Zäh das Bein
Nur Winters Gefühle
Machen merken ihr Sein
Auch die Gelenke, wunden
Rückensäule angefressen
Die Tag gezählt in Stunden
»Wo war des Sommers Hetzen?!«
Nicht selber Planet kann
Doch Herberge sein und Wirt
Für Vergangnes, Jetzt und Dann
»Wie nur aus Diesem Andres wird!?«
Die Zeit ist Alchemie
Nimmt Welt in ihre Kurbel
Verwandelt in ihrer Maschinerie
Gleich sich Baum aus Wurzel
Sodass aus Gestern Heut sich spieh
Wo also ist Denkens Urzell?
Zentrum, deren Kraft nur flieht
Vergeht doch es immer wieder nur schnell
Und hängen Geistesaugen
In dem Drehen, Schwelgen ihres Sehen
Fassen oft, manchmal nur glauben
Zu erkennen Welten gehen
Worauf' schnell sich dann in nächste rauben

Die Gelenke sind normal
Ruhen nur ob der Stille

Aufgezwungner Zeitenqual
Die grad, und bringt so Wille
Aus sich auf einen,
Der man ihr nunmal untersteht,
Dass in ihm ihre Gedanken keimen
»Solang's nicht untergeht!«
Wird trotzdem noch gesprochen
Von dem, der sich nicht verwehren kann
Der mit Vorschau sie hat gebrochen
Und kratzt ihrer Herrschaft Ehre an
Ihr Endesein, künftges damit beschworen
Ward doch schon im Satze
Zukunft und Vergangenheit geboren
Zu geben neuer Gegenwart Platze

GEDICHT

Die sind wirklich aus New York, wirklich, diesem Nabel der Welt, und stehen hier vor uns, diesen kleinen Leuten aus dem Nirgendwo, im Nirgendwo, und sind mit uns, wir mit ihnen, freilich, wir alle ganz eins.

DIE FALTENAUGEN

Träumst dich fort
Weg des bloßen Sehnens
Hin zur Tat, gemachtem Wort
Weg zerrissnen Flehens
Zum Sein göttlichst Ort
Dem nämlich Gedanken Nehmens
Menschens Hören innern Ohrs
Wo verwirklicht Wille großen Strebens
Und Treibender lacht alten Tors
Vergisst die Muße alten Lebens
Und glücklich spürt die Spitze neuen Spors
Nimm dich also nun, ob des holden Gebens
Schall Melodien gleich Engelschors
Und nichtige den Verdruss häuslich Elends

PAULO

Mit Hinblick auf dieses Mittagessen: Gestern: Die Blätter sind still dieser Nacht, also berühre ich sie, sie wispern zu machen, bücke und ducke mich unter ihnen, nicht falsches Wispern zu erzeugen. Die Nachricht an den Bruder: Du bist ein guter Mann, und ein unglaublicher Bruder. Ich liebe Dich., und melde mich morgen.

Empfunden, dass das Licht zu hell, und es doch so während des Schreibens und der Musik, des Schreibens unter der herrlichen Musik so gelassen, zumindest noch für den diesen Satz.

Exhibitioniere alles, das Tiefste der Seele, und finde darin Schwere, die erwünschte, der stärkste Mann der Welt, und doch dabei so fragil in sich. Pure Gedankenlyrik für den, der nicht echt und nur dafür in der, seiner Welt, seines Ausschnitts davon, für sich fast unlebendig wandelt, die große Transzendenz zu erstreben. Die Augen in die Ferne. Und all dies so ausgewaschen. Wiederholung.

Nicht das Lied eigentlich gehört, nur dessen Treiben, dies gemerkt als das Lied zum Ende. Zum Ende hin zu erblühn. Weg vom Licht, vom falschen, hinein in die Dunkelheit. Die scheinbar echte. Die scheinbare Wahrheit, weil sie gerade als diese erfühlt werden möchte. Und sie diese auch wahrhaft ist. Ich will die Kälte an der Haut erfühlen, den seichten Windesschleier. Nicht schreiben für zwei Minuten, nicht weiter hin- und hergehen zwischen Block und Ausgang zum Balkon.

Ich möchte Euch was vorlesen,: Das, wenn ich's gerade getan habe.

Alles ist so schön, so einfach, so weit weg. Der Baum vor meinem Balkon, meiner Aussicht, vor meiner Aussicht, ist so perfekt, da, in seiner Stille, seinem stillen harmonischen Ausharren, da, in der Nacht. In der wundervollen Harmonie seines Ausharrens in der Nacht und meiner, für mich, mich allein, und Euch, wenn es immer noch wirkt, am andern, unbestimmten, wirren, beliebigen Tage, da, im wirren Hell, wenn sich im Still der Erzählung wahre Stille abzuzeichnen vermag.

Und ich schließe meine Augen in der Nacht, und schwimme, und sehe den Rauch nicht.

DIE GROSSE DEPRESSION

Das Leben ist tot
Schwerer Nebel drückt auf Geiste
Trübsal grimmig täglich Brot
Reißt Fetzen aus erkaltet Lebens Leiste
Und vermag nicht mich dessen zu verwehren
Dumpfer Mantel hemmt den Biss im Schmerz
Fang an den Tode zu verehren
Tages Sonn nur zu erstrahlen auf krankes Herz
Es freizulegen und zu verheeren
Vertiefen Schnitte gleißend Schwerts
Die Freuden sollen mich nur weitrer Lüste leeren
Nebulös das künftig Ungewiss
Und so dieses als ermüdend Ordnung
Wiederholung wird nur scheinbar treiben Riss
In Depression, denn erkannt in übernehmend Vorsprung
Reitet Geist schon bis zum Tode
Müßig über aller Koinzidenzen Hügel
Nicht mehr erleben zu wollen seine unendlich Ode
Die ihm zu Ehren, traurig, und so endlich zu reißen am Bügel
Vom Pferd hinab und in des Todesreiters Arme
Dass Staub vom eignen Kettentrab vergeht
Sich endlich senkt und der Gnädge sich erbarme
Dass der Verlebte sich verlebt

DIE IRRATIONALITÄT DES STOLZES

»Ich bin der König meiner Verdienste
Taten längst meine Person
Ersonnen mich selbst auf Weis, sublimste
Himmelsschloss meiner Substanz, auf dem ich wohn«

So webt sich selbst der Weber
Und bleibt damit in seinem Handwerk
Zu geben sich sich selbst als Geber
Und so Kopfe ihm weiter in Hand fährt
Mit Stolz da seine Denke zu unterheben
Dass er nur in allem seine Reflektionen sieht
Messen kann, an sich Verhältnis geben
Gottes Welt, die er ihm jedoch erst gibt

DIE JAGD

Dörrfleisch um den trocknen Munde
Ausgemergelt, und nur Blasen schlagen
Quillen um den wüsten Schlunde
Zeit macht sich im besehend Fragen
Wie groß musste die Sehnsucht sein!
Denkt der Niedersehende, während Sand somit rinnt
»Nie war mehr denn die abstracte Jagd nach Jagd nur Dein!«
- Sieh!, welch Unfug da der Dumme spinnt!
Die Luke, der Keller extra nur gebaut fürs Licht
So hoffte ich und macht' mich nervös japsen
Grausam stets der Blick in der Sonn Gesicht
Ward's zu heiß, ließ weiter ich mich nach ihr wachsen
Freudentaumel, wahnsinn'ger, im nurmehr quälend Schein

Steig auf zu Lichtersphären Höh'
Brichst Dir im gleißend, heisren Nebel bestimmt nicht mehr das Bein

Bräch das Licht, ich flöh!

Doch da schon Möglichkeit vertan
Versperrt ein jeder Pfad zurück
Spann mir heiligs Netz aus meinem Garn
Verlor, verfing mich darin, und starb an meinem Glück

FIXATION IM RAUSCHE

Der weiße Mann freut sich, denn sein erzeugtes Glück so nah, so fern der Frage nach der Moral, doch danach nicht im Entferntesten die Frage in der Glückseligkeit, dem Wohlstand der Artikulation an sich; und der schwarze Mensch, der schwarze von Haut, leidet rechtmäßig in seiner Dunkelheit, je dunkler, je unmittelbarer, je mehr, je übernehmender Naivität und eingeschränkter rationaler Denkerfähigkeit, und der starke, der gnadenlose Imperialist siegt, und nimmt, und gibt nichts außer seinem echten Bilde, und dem des würdevoll, in klarem Kampfe, für sich Besiegten, im Angesicht seiner Reichtümer, die nicht mehr der Erde, nicht mehr allen, gehören.

LETZTES GEDICHT AUS ÄGYPTEN

Die Zeit vorbei
Nein, die Zeit diesen Raums, Gefühls vorbei
So doch: Die Zeit vorbei
Wie waren wir doch frei
Frei, da in der Andersheit
Als Andersheit hineingeworfen
Wer nimmt Notiz, dass Ihr nicht anders seid?
Musste nicht erst leise horchen
Gastfreundschaft rührte so die Seel
Ergriffen durch der Echtheit Wörter
Gesehn: Das Maß ist es, was ich mir wähl
Und wenn' Sequenz so hier erörter
Möcht ich, dass sie nicht zu Ende ist
Möcht mitnehmen Schönes in meinem Denken
Sehn, dass jeder irgendwo in Fremde ist
        Willkommen heißen Wanderer
und mich zum bessren Menschen lenken

DIE LARVE

Die Transzendenz liegt in der Vergangenheit, deren Melancholie im verklärten Betrachten, deren Vision daraus zur Widerspiegelung deren Ästhetik. So die große Kunst, Trieb danach.

SOMMER

<u>Sommer</u>

Schwindel umgarnt mich, kein Mast, um den mich dreh'
Und wie tänzelnd, torkelnd, ich so meiner Wege geh'
Gestoßen da, gehalten hier zurück
Ein jedes Wort, ein jeder Schritt nur Suche nach dem Glück
Wankelmut im Zerrspiel mit Euphorie
Wie oft ich mich in Mangel spie!
Dort gelassen, hier gelaufen, hier halt ich mich fest
Gesungen und geweint im großen Fest
Zu guter Letzt sitz ich nun wieder da
Lass Revue passieren Weg, auf dem ich war
Den gegangen eilend und beschwingt
Müßig, mit Scheu, die sich allzuweil besingt
Der Sonne Treiben und des Schattens Spiel
Wollt garnicht, wollt manchmal der Welten viel
»Kämpft ich, kämpft ich Siege.«
Vertrat mal mich, mal an sich die Liebe
Krieg etablierte sich im Kopf einstweilen
Doch konnt' nicht wägen, musste weitereilen
Zeilen in den dunstgen Rauch
Vergessen ist seit je der größte Brauch
Handle aus dem Bauch und denke mit dem Herzen
Zeit heißt später über Schmerz zu scherzen
Bezirze dich und schwängel in deinem Kreise
Mal hör aufs Rascheln der Blätter leise
Lass dich nieder und steh auf
Zu gehen auf als Teil des Dunstes Rauch

Tag im Wechsel der Gezeiten
Ach!, wie spielte ich in schwerer Stunde den Befreiten!
Nun sitz ich still und trink Kaffee
Brauch nicht abreißen meines Glückes Klee
Vom Gewichte einer Feder
Bis mal wieder den Durstgen wird mit Schmerz erfüllen die Leber
Doch nicht jetzt: Sommer

URLAUB, WIEDER, EUPHORIE AUS DEM, VERHÄNGNIS, JOCH, KLAGE, MISSSTAND, PLÄNE, IMMER NUR, DEREN ZEICHNUNG

URLAUB, WIEDER, EUPHORIE AUS DEM, VERHÄNGNIS, JOCH, KLAGE, MISSSTAND, PLÄNE, IMMER NUR, DEREN ZEICHNUNG

Ich werde die ganze Welt entheben, ihrer selbst, sie eine neue, andre, machen, nicht sie, nicht ein bisschen, doch mich, und somit enden unflätiges Sein in vermeintlich zwängend, drückend, stickig, entmächtigend Kompression. Und hier floriert nun wieder alles, ob der Sonne, der Wiesen, alles gleißend hell, golden, durch sie, die heilige, alles verheißende, oder eben durch Verwährtbleibung, Entzug, – alles hemmende, erlöschende. Wohin der Blick im Gleißen? Da kann kein Fokus genommen werden, dies nur in Stickigkeit, drückender Schwere. So gleißt alles, ich auch, und ist, ich bin, und herrlich ist es, doch nicht unverwaschen und leuchtend leicht und wertlos, ob der Sorge des Zwecks der Kreation aus Erfahrung aus Leben. Tue nur! Tue du! Ich beobachte dich, werde unter dir celebrieren, wenn du es mir verheißt, doch kritisch, und dann wieder schaffen aus dir, daraus, dem, dem Verhang, der mir, mir inne nun mittlerweile, leider. Nicht leider. Dies kein Attribut. Attribute später, in meinem. Und so: Wertvoll.

DIE REISE

Die Reise fort
Vom fließend Wort
Hin zu Taten
Müßig Werk, ackerndem Spaten
Wo sein Schlage nicht gemocht
Würd doch lieber geblieben
Bei Kerze scheinend Docht
Anstatt Tages Erde umzusieben
Für irgendein Ergebnis
Dessen Komplett später geheißen Erlebnis
Durch das Füllen ihrer mit Zeit
Dass glimmen kann des Ofens Scheit
Und Heim da ist behaglich
Doch Heimkehr von dem Weg,
Die ganze Reise scheinet fraglich
Brachten Wanderschuhe Dreck
In trauten Rückzugsanger
Und nur der Not der Heimkehr
Ward verlassen geliebtes Wehr
Warum die Not alleine nun am Pranger
Heim zu verlassen wiederzukommen
Um nach Mahlen zu sein besonnen
Mit sich in seliger Erschöpfung
Am Kamine nach der Eigenschröpfung
Der dreckge Boden Übel der Notwendigkeit
Und Sinnbild heutger Taten Endlichkeit
Verblendet im Nach-dem-Perfekt
Der Verbesserung des Zustandes

Und Kratzer Scheines nun geleckt
Des neu verzäunet Guts und Landes
»Wär doch Zeit dabei geblieben!
Nun kann nichts mehr geschehn
Doch nein! Ich musste Tage sieben!«
Kann meine Fragen nichtmehr sehn
Für die ich müsste frischlich sein
Die füllen würden Horizont
Doch dafür müsst täglich am Tisch ich sein
Womit wär Umgraben nicht gekonnt
Es geht also denn nur ums Dürfen können
Was, wenn wir aus einer Stund
Für eine Woche Brot gewönnen
Geist würd gar schnell erbringen Grund
Denn würd sich damit heilen
Im Geschichtenwiederholen
Zu erfahren Ursprung, woraus sein Eilen
Wenn nur noch durstig er am Wasserholen
Er sähe gar allzu schnell da nur
Hat sich all die Zeit selbst bestohlen
In dem sturen Gieren nach dem Stur
»Möcht mir andrer Aufgaben mehr erteilen!
Mehr frohlocken, tanzen, singen
Mehr ersehen Lebens, denn Tages Zeilen
Spüren mehr des Windes holder Schwingen
Zu werden sein erster Streber
Nicht tun nur für die Absorption!
Erkenntnis', nicht Rockes Weber!

Schaff mir Licht auch ohne Strom!«

Doch Wachs muss' auch noch kaufen
Feuerholz wird schon wieder wenig
Leben zeigt nur an Kamines Rauchen
Wer nicht gesehn im Laden lang, der lebt nicht
»Doch wachsen tut die Kerze mit dem Feuer nicht!«
Bleibet ihr nur weiter bäuerlich
Meine Felder bestell ich heuer nicht
Erfrier womöglich diesen Winter
Geb mir jedoch mit letztem Dochte
Vorher letztes, erstes wertvoll Licht
Und werfe Blick auf das Dahinter
Was noch kein Ochs je vermochte

»So bleibt nur das Lied vom Tatendrang
Wieder, des Missstands, dem Konflikte
Weil vor dem Kamine es noch mich zu Fragen drang
Wieder nur dies eine Lied, Notbehelf, mit dem ich flicke
Und lehne daran im Gedanken neue Taten an
Zu singen leidig mehr der ewigen Geschichte
Muss bestimmt auch nur darauf warten lang
Und find für neues dann wieder ausreichend Gewichte«

DIE PLÄNE

Pläne sind Unwahrheiten, deren stückhafte Wahrwerdung mit dem Vortrag der längeren Zeit die Realität und das ideelle Versagen der Menschen darstellt.

WANDERN

Wandern alles zu erfassen
Gleich der Sonne
'S Seinlassen sein lassen
Vision in Zeit zerronnen
Gar nie da in hellen Strahlen
Wollen wir sein verzagt und Theoret
Wollen trommeln weg des Winters Qualen
Wer nicht lebt, der denkt, wer nicht denkt, der lebt
Perlen Schweißestropfen mir kühlend von der Stirn
Zeigen Leben an, Mutterschoßes Sproß
Wer will den klaren Himmel wirren?
Glut, die ich in karger Zeit in Ofen goss
Braucht nicht zu glimmen, wo die Erde nahrhaft
Lasst uns Feldes Güter nehmen
Und das Fett der Seele werden lassen wahrhaft
Wer will sich die Freiheit stehlen?
Sich nicht erquicken da an hellen Freuden
Natur verpönen, beleidigen in dunkler Kammer
Blass bleiben, nicht Fremde machen zu Freunden
»Und während ich mich an gefasste Ideale klammer«
Ist draußen Schwelgen, wachsen Welten von Träumen
Haltet alle hoch eurer leichten Gedanken Banner
Niemand soll sich gegen Gutes bäumen
Pulsschlage da in Sonne sein wie von festem Hammer
Niemand das Spüren seines Fleisches säumen
Nur ingrimmger Wissenschaftler, verkannter
Will unnachgiebig saftig Wiesen leugnen
Verleumden Konterpart zu seiner schweren Krankheit

Schmeiß hinfort die Bücher und geh raus zum Fest
Wonach, wirst's sehen, dir nur ans Leben der Dank bleibt
Nie hab ich mehr, als da im Rausche 's Dasein geschätzt
Was hab ich säumen müssen, da im heilig Messerwetzen,
Dem Durste nach dem Tranke der Ermattung
Verschmäht 's Wofür im nach Bedeutung hetzen
Wie sehnt' ich mich nach verstiegen Beschattung
Betrog mich selbst und kehr nun wieder
Sitz daheim und sing über's Schöne nur schon wieder Lieder

SEHNEN

Das nicht ganz Anlangen
Das Träume nicht eben endlich fangen
Das besingen unsichtbarer Physis
Der Bohème, der ward im schummrig Lichte lyrisch
Schüttelt sich selbst die Hand im Ringen
Und möchte aus seinem frevlisch Leiden Tränen zwingen
Welch Schande Tag über die Kinder bringt!
Sieh nur das Kind, wie's tanzend flackernd Licht umringt
Der Tag, er bringt die Nacht um, sie wieder zu erstarken
Wie muss doch der arme Streber sich vergessend auf die Ruhe warten
Somit Nahrung finden für die, aus schlechtem Gewissen
        Und ohne wahrhaft voranzukommen
Selbsttrügerischs aufschreiben beflissen
Lebt den Turnus drastisch Tags und Nachtes Kreisel
Und ist so Führer seines Zerrbildes, Hohlkörpers, Götzenbildes Meißel
Nicht fähig fortzudringen aus verblendend Ästhetikschwermut
        So bleibt weg vom Denkersein, Relevanz, und am Boden der,
der Firmament zu sich herruft
Macht Handstand in Luft im Füßewegziehen
Schreit, und bleibt im Fliehen
Will Essenzen erreichen, doch ergreift nur sich selbst
Wird wieder Kind, wenn jammernd er sich da wälzt
Findet sodann mal aber beizeiten echt eine Ruhe
Sperrt die banal Antilakonie in schwere Truhe
Blickt auf die geschlossene, und setzt sich darauf ab
Wie, ach! berstet schon an den Scharnieren der Lack
Schließt Augen und siehe da: Nimmt die Nacht mit sich hin
Somit wo noch jetzt ein Gewicht, im Handeln ein Sinn

So hockt er nun da, in seinem gekünstelten Nichts
Erkennt dies, sich, verdrängt und hofft auf Strahlen ersten Lichts
Dass es wieder Nacht wird und er kann zu Ende denken
Endlich nackt werden vor sich und in sein Idyll sich lenken
Erst immer nur wieder Tag dazwischen
Ja, erhol dich am Tage, dem frischen!
Energie zu holen für den großen genialen Schlag
Und vergiss darüber, was nun Ruhe in Wahrheit dir sagt
»Mich wahrlich zu überwinden ich niemals vermag«
Und so bleib ich im Winden, an dem ich mich lab,
Klein und eng empfunden die Truhe, fast wie ein Sarg
Und so hast ja endlich explosiv den Tode erreicht!
Die größte Schwere so unendlich leicht
Die tiefste Nacht im hellen Lichte erbleicht
Siehe: wieder da, wo Großes Kleinem gleicht
Hast die Erschöpfung, die selge nun wieder endlich bekommen
        Kannst weg von ihr gehen um bald
zu versuchen nach ihr wieder zu kommen

DIE SPRACHE

Ehrlich Sprache liegt in kleinen Worten
Nicht kann sie Finessen Trickspiels in sich horten
Doch kann sich Heuchler Pyramiden bauen
Und betören Hörer gleich Tänze schöner Frauen
Bezirzen und umgarnen ihn perfid
Bauen tödlichs Instrument, wie Schmied
Und verbergen dieses Bauen in dem Handwerk
Was Meister mit jedem Zug die Hand stärkt
Zu verbergen Zweck ist sein größts Geschick
Entwirrt man grad sein Garn, schlägt Guillotine ins Genick
Echt, nur wessen Zungens Sprache Herzens gleich
Goldne Seel macht den Verschwender reich

PLÄNE, HOHLKLANG, BESCHREIBUNG

Pläne fressen zu wachsen. Diskrepanz der Untat macht klaffen und Mühe, Drang jedoch und die Membrane berstet schon. Schritt für Schritt trägt sich Tagewerk ab, zu werden zu großem Gebilde Schaffens unterdessen, wenn im Zenit der Untiefen, und wohl vor allem auch zu stolzem Nachlass, wenn fertig, und Rast kann gemacht werden auf gezimmerten Thrones höchster Spitze, zu erstrahlen für sich ins Innen, in kurzer vollendet Zufriedenheit. Und im Schritte trägt sich Plane ab, ward davon gezogen immer mehr und reale Schätze erstehen darunter heraus, hervor, in Echtheit, zu, zu Echtheit zu erstahlen.

EREMITENS SAMMLUNG

Hängt da in Tiefe künstlerischer Prozesse
Sinniert über das, was weit von ihm geschieht
Spürt nimmer mehr auch nur seines Herzschlages Bässe
Und nur die Ferne im Fernen ist, was er da liebt
Nur fließen Schmerzen durch die Adern
Und betäubt er sich, sich niederzuringen
Will er doch nur im Kerzenlicht hadern,
Aufzuerstehen und davon Lieder zu singen
Wer will die Klage des Reichen vernehmen
Tiefstes Tal zu erreichen, durchschreiten sei Wille
Nicht zu wollen wie Leichen zu leben
Sondern lauschen auf Wiesen Sublimen der Grille
Sonne blendet Leere zu finden
Herz schon nurmehr Bajonett fürs Eigen
Sich zu inszenieren zum gemarterten Blinden
Und Verstand soll sich Körpers entleiben
Man wandeln Engel zu fassen
»Im Winter denk' ich dem, was ich erlebte«
Und Anfang weltlich Bedürfnis zu hassen
Siehe den, der da einst lebte
»»Zeit vergeht, wir entschwinden
Alte Sphären nimmer zu finden
Über Humor kompromittieren wir uns
So Loyalität zum Selbst verkümmert im Dunst
Das heiße Gelächter schlägt Bahnen
Ziehen wiehernd Feldzug wehender Fahnen
Uns zu nehmen, was wir waren in Zeit
»Wie doch jetzt Abtuung des Stigmas befreit!«

Und Möglichkeit Bild neu nun zu malen
»Was litt ich unter meiner Karikatur Qualen!«
Gelehrter verleumdet, leugnet sein Wesen
»Ich möcht die Zukunft nur meiner Schrift lesen!««
Und so die Sonne geht unter
Männer ersticken an ihrer Mentalität
Flucht: zu zeichnen Nacht bunter
»Händler der sich verkauft, wo er steht!«
Zu erwachen, sich neu darzustellen
Wie alle zu schauen ins Herz der Stadt
Vermeintlich Sicht zum unsren Tage zu hellen
Schau: Eremit, welchen Schmerz er hat.
Eingezwängt in der Batterie
»Dreh mich zum Tod: »Gevatter, flieh!««

REPETITION

Repetition, absolute, nur zum erneuten Feststellen und Vergewissern in der Artikulation, für die innere Sicherheit:

- Bildung von Eigenwelten, Lösung, Füllung (Verdrängung somit stringent), ist den Emotionen

- Moralische Einstufung ist des Ratios

(Die Emotion ist aufgrund der vollkommenen Okkupanz des Wirts losgelöst jeglicher Moral, erst im Erkalten, der Rückkehr menschlichen Gefüges, Menschseins- werdens wieder, kehrt kritisch Ratio wieder und klagt an, eventuell.)

HARLEKINS SINGSANG

»Ich möchte in Deinen Armen weinen
Mich nähren, zehren Leben zäh im Sein
In den Sphären schwersten, echtsten G'wichts
Meinen Schmerz egomanisch machen zu Deinem
Damit Belang an mich hintun, mit Dir & meinem Reim
So du Instrument meines hellsten Lichts
Der Auffang und Kescher aus Trostlosigkeit
Wenn eben da tief ich falle
Und aber nur fiele, fingest Du mich nicht
Doch so nicht: Und schwebe ich erfüllt Brotlosigkeit
Geborgen der Bettler in Königs Halle
Wird der, und stellt sich selbst bald zum Gericht«
So wacht er auf, den Kosmos durchzogen
Durchdacht, und nüchtern mit trübem End versehen
Von seinem Stuhle aus, wo all dies so fern
Aufdass er muss nicht leidlich nur die Romantik loben
In kosmischer Vorschau Romantiks Vergehen
Tränken würd er seine Sehnsucht gern
        In Fassen zu Echtheit seines Geistes Begierde:
nicht zu sitzen hier oben

SINGEN

Überschwenkend Freudenmut!
Pompöses Schallen da im Kopfe!
Sich überragend Feuersglut!
Spürt sich Frage nach den Stimmen hinterm Schopfe
Die da schon zur Kühle blasen
Bereits flüstern möchten, strähnenziehend wispern
Schon wankt der, Gedanken rasen
Mahnung schon inszeniert sich lüstern
Tun sich Phrasen etablieren, unholde
Und wollen holde werden in redlicher Umrankung
»Was stecken in Seel doch ärgste Dumbolde!
Die streiten, mich zerren und reißen in Schwankung!«
Was ihn zerrissen macht und eint
Zu bestreiten kleines Lebchen, wie's ein jeder scheint

SATZ

Nervosität ist das Ergebnis überspannter Konzentration mit deren Sprengung als Erscheinung in ätzender Auflösung deren Konsistenz und somit der totalen zerstörenden Umkehr.

Nervosität ist der größte Feind dessen, der sich zwingen muss sich zu konzentrieren.

Irgendwann vergeht der ganze Komplex.

EBEN

Ich schrieb soeben ein Gedicht
Und möchte es Dir vorlesen
Dir nochmal zeigen mein Gesicht
Vorführen Dir erneut mein Wesen
Wer sieht die Augenfalten
Den Versuch Ferne zu fokussieren
Das Streben sie zu finden und zu halten
Herbringen Grund Denkers Verlieren
Prasseln des Tages rieselt beständig
Ständig, und ist nur Fühlens Ahnung
Wer nicht glühend tanzt nur wirkt befremdlich
Doch ist das stille Lauschen Musikliebhabers Mahnung
An die Tiefe endlich lassen sich zu fesseln
Wobei Verstand um Unmöglichkeit dessen ständig weiß
Bersten wird nicht unter Anstrengung tausender von Kesseln
Nichts hervor, grad unter größtem Fleiß
Sondern nur versiegen echts Geschehen
In der Anstrengung heiß'ten Schweiß
Und ein jeder neuer Tag verzehren echtes Leben
Drum sitz ich halbwegs beschwingt in Schwermut
Versucht nur zu ahnen, eben nicht zu Greifen nach dem Fassen
Versteh' wohl den, der's tut
Versteh' auch mich: ich will es lassen

EGOZENTRISCHES DOKUMENT EINER NACHT

Zieh heiße Hassesmaske an. Ich sehe in den Himmel, der da zieht in Wolkenfetzen mit dahinter noch hervorscheinendem kalten Licht, das frei von denen, lehne mich zurück in den Holzstuhl. Richte dein Gesicht, deinen Blick, in den Wolkenhimmel. Überstehe den Reflex wieder davon herabzusehen. Erwarte nicht darunter mehr zu sehen. Ich richte mein Gesicht in den Wolkenhimmel, Blick gen ihn, in seine Weite hinein. Wie minder doch meine Probleme sind. Doch sind meine. Und tierisch, egomanisch möchte ich sie an mir ausleben, in mir arbeiten, sie in mir, mit mir ausmachen, zornig, deprimiert und gefrustet, egozentrisch. Und mache Pause. Keine Solution, und permanentes Wissen dabei, darüber, und Zirkel und Fraß und entstehend Werk aber. Zumindest. Zumindest dies. Und frischer Wind und unter tanzend Bäumen in der Frische, elixierend Wirkung. Und Selbstzerstörung mit dem Trank und dem Rauch, den Ästhetika, den wirkenden, und so: den Instrumenten. Die Sonne geht nieder langsam, und die Glut glimmt glimmender, röter, tiefer. Und fortschreitend nur die Stagnation zu echterer Hitze, tieferer, Manifest-werdender. Säulenwerdende, nuancierte, eindringliche Dokumentation, anpackende, reißende, harmonische, einsinnige, offene. Eine neue Wolke zieht heran, riesiger als je an diesem Abend, in Logik aus dem Zusammenhang mit dem Lichtspiel aus dem vergehenden Tage, selbstverständliche, unumstößliche, die absolut wahrhaft im Sein, und so: natürlicher, klarer, inniger, geordneter Aufstand; nicht die Frage nach einem Wieso, irgend Herkunft, Zweck. Entität, vorhandene, Mechanismus. Und Labsal in der Frische, die nicht zur Kühle hin, mit dem Werke, das da nun schon in nehmendem Umfang. Der Wind nimmt ab, die Wolke ob ihrer Größe scheinend sich langsamer, anmutig beinahe, über alles zu verschieben, Regennacht zu machen, die Vorahnung einer Regennacht, aus Erfahrung, ewger, lebenslang Routine, die aus lebenslang Erfahrung, und Irrungen. Verheißungsvolle Natürlichkeit. Und ich werde sanftmütig, wieder, und lausche dem Spiel noch einige Zeit, erfühle ein wenig noch den schwanken Wind, ersehne ruhig melodiös geschlossen in Stille, friedender, ersehe noch etwas. Und lege schließlich den Stift nieder.

LIEDGESANG

Die Fassade ist dein Kern!
Wie haben wir doch gern!
Die Pfade, die uns sperrn!
Fordend Antlitz blendend Stern!

NICHTS

Wie weit doch meiner Reden Flügel tragen!
Sollt ich?, oder sollt ich's sagen
Nicht liegt mir die Liebe schwer im Magen
Sondern schreiend Schreie, heiße wimmernd japsend Fragen
Das flehentlich Vermissen
Manifestiert bereits jetzt im Wissen
Ein kalter Schrei in tiefster Nacht
Zu mehr als Illusion/Isolation »hat er's nicht gebracht.«

MEIN FREUND

Wohin driftest du Freund?
Der Titel ist geschrieben
Geschrieben, dass' Zagen nur Hohlraum räumt
Geschrieben, wohin die Wirren Zweifels trieben
Bis jetzt, und weiter werden
Wird nicht Substanz darunter gebaut
Darein, Werk nun auch zu werden
Dass nicht Strohfeuer Melancholie' Gedanken klaut
Und weiter graben kann,
Tiefer Höhlen ätzend
'S leere Nun, worauf gehasstes Dann
Was nur, um Selbstbild zu verletzen
Zu zerren in normale Schwächlichkeit
Musst nun endlich zu dir hetzen
Weg von Rauches Hässlichkeit
Hasstest doch immer leere Ästhetik
Die Schande Treibt in hohe Substanz
Sie niederringt, im Versäumnissein stetig
Wenn leere Pirouetten nur, Tages Tanz
Und in Lächerlichkeit Licht
Bricht den Dogmatiker
Der da erfüllt sich nicht
Wo bleibt im Zwiegespräch Dramatiker
Wenn nicht es niedergefasst
Nur Vergehen geht ohne Göttlichen da vom Hochstuhl
Und leidigs Sein nicht in hohe Lieder gefasst
Hass bleibt und nicht sich macht literarisch Großmut
Der erhaben Dichter, von seinem dritten Standpunkt
Nur lernte das Leben im Verzicht
Der Nichtmehr Lebenswasser von eigner Hand pumpt

Sondern sich erhaben im Versagen der Welt stellt in sein Licht
Es überwunden zu haben, um herrlich Kommentator zu sein
Hülle zwischen Sich, Gott und Menschen spannt,
Die undurchdringbar in Bewunderung des Pöbels seines adlig Reim
Verkannt wird der, der's nicht erkannt
Er tut den Brunnen übersehen und alles Schöpfen
'S Vergießen und jeglich Zwist dabei
Zwischen Eimern, die da sich wollen schröpfen
»Meins ist mein« und dies ist sein
Wie Ameisen Berg bauen
Und ihm seinen Thron,
Wenn er dabei ersieht kleines Niederhauen
Zweier, und es ihnen wiederbringt in seinem Hohn
Sie eines Besseren besinnt mit Vorführung
Des Hintergrunds Moral in kleinem Zwist
Sie wieder zueinander führt, in holder Wortführung
Und verheißungsvoll auch von sich tut, dass er von ihnen einer ist
Nicht nur, dass er anmaßend die Welt erklärt
Und seiner Gottheit gewiss stolz diese Ermessung verkündet
Die Seinen seinen Intellekte lehrt
Sondern auch sein Gottsein darauf gründet
Dass er sich damit aushebelt
In der Verklärung seiner Herkunft
Und diese in Verarmung nebelt
War und ist er nur der Kleinste der Zunft
Paukenschlagend will er seinen Spruch nicht sehen
War doch die Aussprach schön, und's Gefühl gar herrlich
Dass keiner, schon gar nicht er wird ihren Sinn verstehen
Und zu sich selber je wird wieder sprechen wollen ehrlich

WIRREN. WIRREN

Wirren. Wirren. Brauche Ordnung. Der freundliche Krieg, der niedliche. Doch frisst behände, versiert an mir, und immerwährend. Scheußliches Rondell. Brauche Ruhe, brauche Klarheit, muss ordnen. Ordnung. Zur Ordnung, für mich. Oh, schlimme buntfarbne Fanfaren Rauschrondells. Das böse Jazzklavier. Karusselles böse schweifend, im Winde, den es selbst nur macht (!) schweifend, singend, pfeifend, klirrend Fahnen. Böse, feiste Girlanden mit Drachengesichtern. Tanzend. Walzend. Walgend. Drängend. Verdrängend. Quetschend. In den Rand des Tanzes, Osmose durch die Kopfesrandeswand! Besetzt mich mit euren heißen Kugeln! Ruhe. Und schweifend bunte Seidenschals schweifen nur im Schwindel, in dem nur kein Fokus mehr möglich, sondern nur sein Bild, der verschwommen sich um ein nahes, nicht ersehnens, schwirrend, fließend Lichtschwinden. Zylinder in den. Aus dem nicht. Wenn je doch nur der Herd des Strudels nie ersehn. Die Lichtschwingen als gesamtes, ihre Buntheit nur ihr Gesamtabbild. Standbild. Unordnung im Chaos. Und nur um seines Selbst Willen. Nur, um gegen meinen zu arbeiten. Zu sein. Mich zu unter... unternehmen, unter seinen mächtig Schirme, wo meine Macht nicht und ich so meines Begriffs Verlierer, meinem Begriffe nach. Werde wach in kalter Stille und sehe als erstes zunächst nur den letzten Abend. Die Unordnung, überfallende. Ordne sie dir in Worten, den Schwall! In Versform etwa oder zur Wabermasse ohne Absatz, doch Vernichtung vernichtend, klar und so zur temporären Episode muckelnd, erstrahlen lassend, nutzbar und groß gemacht in dem Zeitzeugnis der Parabel, des Gleichnis', dem herrlich Relikt, Artefakt, das eigentlich großartigstes Werkzeug als solches in der Transformation, der weisenden. Atme! Atme, ruhig, schon ruhiger. Ich atme. Auf. Auf mit dir! Hoch mit dir! Hoch. Bin. Schlüssig Fäden, abgegriffen Metaphern. Normalität. Abnahme. Zunahme damit an Substanz, mit Abnahme an Originalität. Verlustgewicht für das Gleichnis und seinen Wert im eigentlichen Kernbegriff. Auswalzung jedoch in der Angleichung der Substanz, Säule, Standfestigkeit, Akzeptanz des Seins im Tage, Verschmelzung zum Objekt dieser normalen Täglichkeit, rauszugehen, zu wandern, einzukaufen, nehmen, geben, konsumieren: normal. Bereit für neuen Tanze. Neues Danach zuvor schon, mit dem feisten Wissen des Erstehens, anders dann.

Quälgeist mit Ziehharmonika
Wackeln Schergenmasken an
Harlekin ist tosend da
Und bringt sich Volksmusik heran
Ist beim Jazzliebhaber in dem Wust
Und flatternde Schikanen bringen Trubel
»Weißt hier, was du tust!?«
»Ich such, find nicht, ich jubel.«
Schleiernd zu sehen Schleiers Zwischen
Schleicht der Markierende geübt
Setzt sich mit dran, doch bleibet nicht in Tischen
An sich hin, an die Fahnen: er lügt
Zu bringen sich weg der Nahrung
Zu wissen, dass er's braucht fürs Hin
Verlassen muss ich zum Vergewissern meiner Wahrung
Virtuose, schergenhafter, der Ziehharmonika, das Lied ist sein Sinn

»Das Lied muss weiter
Der im Kerker werden Befreiter
Die Töne nur der Leiter

Hinauf, hinab: der Schreiter
Und immer wieder neu
Der Junge, der sich freut
Alt: der Weise sich blickend treu,
Den Tag an sich sieht heut
Sieht er so auch Gesamtes
Geliebtes, Verdammtes
Seiner Grenzen Ewigkeit
»Noch nicht heim: ich leb, ich bleib««

DAS ENDE

Es ist Zeit für Neues. Zumindest ein neuer Name soll sich hergeben. Und der Schein für Neuigkeiten, Anderes, zumindest in der Absicht, der diesen eben, ausgesprochen, womit Erkenntnis aufgeführt. Ja, denn es muss ja weiter vorgeführt werden, und dies immer wieder. Und neuer Name soll Schöpfung geben. – Das Ende. – Für hier.

In Anbetracht der Liebe – 03.04.2011 – 14.12.2011